문둥이에의 키스

프랑소와 모리악 저
최새진 역

지성문화사

- 작가와 작품에 대하여 -

프랑소와 모리악(Francois Mauriac : 1885~1970)은 프랑스의 가톨릭작가로, 20세기의 가톨릭 문학을 대표할 만큼 세계적인 거장 중의 한사람이다.

1885년, 프랑스 서남부 지롱드 현의 항구 보르도에서 태어난 모리악은 아버지 장 폴과 어머니 클레르의 5남매 중 막내로, 생후 20개월만에 아버지를 여의자 엄격한 가톨릭 신자인 외가의 편모슬하에서 어린 시절을 보냈다. 그리하여 가톨릭의 중·고교를 거쳐 보르도 대학교 문과대학에 입학하면서부터 시(時)의 습작에 전념하여 문학사의 학위를 취득했으며(1906), 이어 에콜 드 사르트에 입학했으나 곧 중퇴하여 글쓰기에만 전념했다.

그 후, 첫 시집 「합장」(合掌 : Les Mains jointes, 1909)이 바레스에게 인정되어 문단에 데뷔했는데, 제 1차 대전 때에는 (1914)간호병으로 종군하다가 신병으로 제대했다.

그는 처녀작 <사슬에 매인 어린이(L'Enfant charg'e de chaines, 1913)>에 이어서 <문둥이에의 키스(La

Baiser au L'epreux, 1922)>로 자신의 작품세계를 뚜렷이 했고, <불의 강(Le Fleuve de feu, 1923)>에 의해 작가로서의 기반을 굳게 다져 나갔다. 또 그는 <사랑의 사막, 1925>으로 아카데미 소설 대상(大賞)을 받았으며, 계속해서 <테레즈 데케이루, 1927>, <독사의 알력, 1932>, <바다에의 길, 1939>등의 걸작을 발표했다.

문학가협회장(1932)를 거쳐 아카데미 프랑세즈 회원이 되었으며, (1933), 이어서 코메디 프랑세즈를 위해서 첫 희곡 <아스모데, 1938>를 집필하여 상연하기도 했다.

그러나 프랑소와 모리악이 작가로서의 역량을 크게 평가받게 된것은 바로 1922년에 발표한 소설<문둥이에의 키스>라고 할 수 있다.

아무튼 이 작가 모리악은 모든 작품에서 그렇듯이, 이 <문둥이에의 키스>에서도 "인간의 욕망과 사랑과 회한(悔恨)이 상충하는 인간의 정신적 위기"를 간결하고도 긴장된 문체로 잘 엮어졌다. 그만큼 그의 작품의 배경과 제재는 대부분 고향인 보르도의 풍물, 낡은 전통과 인습에 갇힌 시골의 가정생활을 선택했으며, 개인과 가정, 신앙의 육체의 갈등, 에고이즘과 종교 의식의 대립 등을 주요 테마로 했고, 아집(我執)과 탐욕과 육욕(肉慾)에 사로잡힌 인간의 추악한 내면을 집요하게 분석, 신 없는 인간의 참상을 표현했다. 그 표현은 독자적인 내적 독백의 수법을 썼으며, 문체는 고전적이며 단정

(端正), 정치(精緻)하고, 그 구성은 교묘하며, 심각한 도덕문제를 재치있게 다루는 심리소설가로서 독보적 지위를 확립했다.

제2차 세계 대전 후에는 반 나치스 저항 운동에 참가, "포레'라는 가명으로 심야총서를 통해<검은 수첩(Le Cahier noir, 1943)>을 출판, 전후 급진적 가톨릭파(M. R. P.)의 주요 인물로 보수주의적 입장에서 공산주의와 실존주의 반대했다. 피가로에 글을 실었고, 월간문예지 <라 타블 롱드> 편집에도 공헌했으며, 마침내는 1952년에 노벨 문학상을 받았다.

1

장 뻬루에이르가 침대에서 눈을 떴을 때 집 주위에는 매미 소리가 요란하게 들려왔다. 햇살은 용해된 금속처럼 덧문 사이로 들어오고 있었다.

장 뻬루에이르('장 뻬루'라 함)는 침대에서 일어나 앉았다. 입안은 마치 쓴 약을 먹은 뒤끝처럼 쓰고 텁텁했다. 창틀 사이에 걸려있는 거울에 그의 작은 몸집과 초라한 모습이 비쳤다. 움푹 들어간 뺨과 길면서도 끝이 뾰족한 코, 참을성이 있는 아이들이 오랫동안 빨아먹다 남은 보리사탕처럼 닳아버린 시뻘건 코가 거울 속에 선명하게 나타났다. 짧게 깎은 그의 머리털이 주름이 많은 그의 이마 위에 삐죽삐죽 나 있었다. 그가 히죽이 웃자 잇몸과 보기 흉한 이가 드러났다. 그렇지만 그는 그런 자기 자신에 대해서 연민을 느끼며 중얼거렸다.

(이 불쌍한 장 뻬루야, 나가서 산보나 하자구나.)

그러고 나서 면도도 안 하여 꺼칠꺼칠한 턱을 손으로 쓰다듬었다. 그런데 아버지를 깨우지 않고 어떻게 밖으로 나간다지?

그의 아버지 제롬 뻬루는 오후 1시부터 4시까지는 어떤 일이 있어도 집안이 조용하기를 바란다. 그는 엄격하게 휴식시간을 지킴으로써 밤에 잠을 자지 않는 올빼미 생활을 하면서도 살아갈 수 있었던 것이다.

그래서 그의 낮잠은 온 집안을 정적 속으로 몰아넣는다. 문 하나 열고 닫는 소리도 내서는 안 된다. 말 한 마디나 재채기 한 번을 해서 이 무서운 정적을 깨트리게 되면 큰일이나 나는 것인 양 야단이다. 이 엄청난 정적을 이루기 위해서 제롬은 주위 사람들로부터 무려 10년이나 원망과 불행의 소리를 듣다가, 이제야 비로소 하인들은 물론 집 앞을 지나가는 사람들까지도 그의 창문 밑을 지날 때에는 숨소리조차 내지 않도록 조심해서 걸어가게끔 길들여 놓았던 것이다.

마차들도 다른 길을 돌아서 가기까지 하면서 그의 집 앞을 지나가는 것을 조심하고 있었다.

그러나 주위의 사람들이 그의 수면을 위해서 이렇게까지 협력해 주는 데도 그가 잠을 깨고 나면 접시소리와 개 짓는 소리, 심지어 기침소리 하나하나를 열거하면서 잔소리를 하는 것이었다.

그가 믿는 절대적인 정적이란 마치 강물이 태양으로 연결되듯, 죽음으로 연결되는 무한한 휴식을 확보하는 것이 아닐까?

그는 잠을 깨고 나면 늘 선잠에서 일어난 것처럼 하품을 하고, 삼복더위에도 몸을 떨면서 책 한 권을 들고 부엌으로 들어가 불 곁에 앉아 있곤 하였다. 그러면 그의 대머리에는 이글거리는 불길이 반사되어서 보였다.

하녀인 까데뜨는 주인 영감이 집에 있다고 해서 대들보에 매달린 소시지 이상의 특별한 신경을 쓰지 않았다. 노파는 소시지 만드는 일에만 몰두했지만, 그렇게 몰두하고 있는 늙은 할머니를 제롬을 열심히 지켜보았다. 이 노파는 루이 필립 시대에 태어났지만 그 간의 혁명과 전쟁, 그 많은 사건들에 대해서는 하나도 모르고, 안다는 것이 고작 그녀가 길러오던 돼지새끼뿐이며, 해마다 크리스마스가 되면 그 돼지새끼의 죽음만을 생각하고 그 눈곱 낀 눈을 찔끔거리며 눈물을 흘린다는 사실이 제롬에게는 놀라운 일이었다.

아버지가 비록 늦잠 중일지라도 장 뻬루는 찌는 듯한 바깥의 대기로 더 이상 방안에 머무를 수가 없어서 밖으로 나갔다. 그곳에는 무엇보다도 고독이 보장되어 있었다. 나란히 서 있는 가옥으로 인해 생긴, 좁고 긴 그늘을 따라가면 처녀들이 바느질을 하는 문간에서 조롱을 당하지 않고도 몰래 빠져나갈 수가 있을 것이다. 그가 이처럼 불쌍한 모습으로 빠져나가는 것을 처녀들이 보면 그녀들은 늘 조롱하고 비웃었던 것이다. 그러나 오후 2시경에는 땀을 흘리면서 파리에 시달리고 낮잠을 자고 있을 것이다.

그는 소리가 나지 않도록 조심하면서 문을 열었다. 그리고는 현관을 가로질러 갔다. 현관 벽장에서는 잼과 곰팡이 냄새가 뒤섞여서 났고, 부엌에서는 또 기름 냄새가 물씬 풍기고 있었다. 그의 조크운동화가 소리를 내지 않아서 정적을 한층 더 실감케

했다.

그는 멧돼지 머리 밑에 걸려 있는 24구경 총을 벗겼다. 그 총은 그 고장의 까치들과 친숙한 총으로, 장 삐루는 까치들과는 불구대천의 원수지간이었다.

지팡이걸이에는 대대로 내려오는 지팡이들이 걸려 있었고, 그 중에는 우지란느 큰할아버지의 스틱 총, 라삐닌느 할아버지의 낚싯대와 칼이 꽂힌 지팡이, 그리고 바네르드비고르(프랑스 남부의 마을)의 시공생활을 회상케 하는, 끝이 쇠로 된 지팡이들이 있었다. 선반 위에는 박제된 왜가리 한 마리가 장식용으로 놓여 있었다.

장 삐루는 밖으로 나갔다. 그 순간 마치 풀장의 물처럼 뜨거운 열기가 그의 앞에 확 하고 열리더니 그의 위로 솟구쳐 오르는 것 같았다. 그는 시냇물이 마을 쪽으로 흐르는 오리나무 숲 밑으로 그 차가운 입김과 샘물의 향기를 빨아들이고 있는 곳으로 걸어가려고 하였다. 그러나 그때 전날 그곳에서 모기에 시달렸던 생각이 났다. 게다가 지금은 살아 있는 사람 어느 누구에게라도 말을 걸어보고 싶은 마음이 들었다.

그래서 그는 삐유송 의사 선생의 집이 있는 방향으로 발길을 돌렸다. 의과 대학생인 그의 아들 로메르가 방학이 되어서 오늘 아침에 시골로 내려갔기 때문이다.

살아있는 것이라곤 아무것도 없었다. 모든 것이 살아 있는 것 같지 않았다. 오직 태양만이 살아서 반쯤 열린 덧문 사이로 들어와 노파가 이마 위로 걸치고 있는 구식 안경을 비추어서 이따금씩 안경알이 번뜩일 따름이었다.

장 뻬루는 뜰이 있는, 어두운 두 개의 담 사이 길로 걸어갔다. 그는 그 길이 마음에 들었다. 그곳에는 그를 바라보는 눈빛이 없어서 실컷 명상에 잠길 수가 있었다. 그가 명상에 잠긴다는 것은 이마를 헤아릴 수도 없이 찌푸린다든가, 몸짓을 한다든가, 소리를 내어 웃어본다든가 또는 시(時)구절을 중얼거리며 읊어보는 것이 고작이며, 이렇게 하지 않으면 명상에 잠기지 못했었다. 그의 명상은 사실 마을 사람들의 비웃음을 살 정도의 무언극(無言劇)에 지나지 않았던 것이다.

그러나 그곳에 있는 나무들이 너그럽게도 그의 독백을 포근하게 감싸준다.

그럼에도 그는 대도시의 시끌시끌한 거리 속에 섞여보기를 원했었다. 그곳이라면 혼자서 얼마든지 중얼거릴 수도 있고 또 아무리 많이 중얼거려도 지나가는 사람들 누구든지 그를 돌아다보지 않았을 것이 아닌가! 그렇다. 다니엘 트라지는 편지로 장 뻬루에게 그것을 다짐하지 않았던가! 그 친구는 지금 가족들의 만류를 뿌리치고 문학수업을 하기 위해 파리에 가 있다.

장 뻬루는 그의 모습을 상상해 보았다. 일단 몸을 움츠렸다가는 혼잡한 파리의 거리에 뛰어들어 잠수부처럼 그 속에 잠기는 것이었다. 물론 그는 지금 그 거리에서 헤엄치고 있겠지. 숨을 헐떡이며 정해진 목표를 향해서 헤엄치고 있을 것이다. 재산이나 명예 또는 사랑과 같은, 요컨대 장 뻬루의 입에서는 금지되어 있는 그 모든 것들을 향해서 열심히 헤엄치고 있을 것이다.

장 뻬루는 조심스럽게 의사네 집에 들어갔다.

하녀에 의하면 집 주인 네는 점심식사를 하러 시내에 갔다는 것이다.

장 뻬루는 의사의 아들을 기다리기로 했다. 그의 방은 현관 위에 창문이 달린 방이었다. 잠깐 둘러보아도 방주인에 대해서는 더 이상 생각해볼 수 없을 정도로 그 방주인을 닮고 있었다.

벽에는 파이프걸이와 학생무도회의 포스터가 붙어 있었다. 책상 위에는 짧은 파튜브에 꿰어 메달아 놓은 해골 한 개와 <아프로디뜨>, <라틴의 대 향연>, <형벌의 뜰>, <어느 하녀의 일기> 등 방학 동안에 읽으려고 사다 놓은 몇 권의 책이 있었다. 이때 <니체선집(選集)>이 장 뻬루의 눈에 들어왔다. 그는 책을 뒤적거렸다.

열려 있는 트렁크에서 여름 동안 대학생이 입었던 옷 냄새가 물씬 풍겨왔다. 마침 책을 뒤적이던 장 뻬루의 눈에 이런 구절이 띄었다.

'선(善)이란 무엇인가? 선이란 인간에게 권력의 감정과 의지를, 그리고 권력 그 자체를 앙양시키는 모든 것이다. 그러면 악이란 무엇인가? 악이란 허약함에 근거를 두고 있는 모든 것이다. 약자와 낙오자들은 멸망한다. 그러므로 그들의 소멸을 촉진시키도록 힘을 도와야 할 것이다. 모든 악덕 중에서 인간에게 가장 해가 되는 것은 무엇인가? 약자나 낙오자에 대한 연민의 행위, 즉 기독교이다.'

장 뻬루는 책을 놓았다. 그때 그가 방금 읽은 것들은 마치 덧문을 열 때에 이글거리는 오후의 뜨거운 햇살이 방안으로 쏟아지듯 그의 가슴 속으로 파고들었다. 그는 창가로 가서 창문을 열어젖히고는 이글거리는 햇빛을 맞아들였다. 그리고는 책상 앞으로 가서 조금 전에 읽었던 잔학한 구절을 다시 읽고는 눈을 감았다가 떴다. 그러고 나서 얼마간 넋을 잃은 것처럼 앉았다가 벽에 걸린 거울에 비친 자신의 몰골을 바라보았다.

아! 학교에서도 '랑드 녀석'이라고 손가락질을 받을 정도로 험상궂은 모습이 아니었던가! 새파란 청춘에 당연히 일어나야 할 기적도 한 번도 이루어 보지 못했던 처량한 몸뚱이! 스파르타의 성스러운 우물 속에 뛰어들어야 할 꼴찌인생!

그는 수녀원에서 지내던 다섯 살 때의 자신의 모습을 회상해 보았다. 뻬루 가(家)는 지체 높은 고귀한 집안이었지만 1등상은 항상 머리가 곱게 빗겨진 귀여운 아이에게 가게 마련이었다. 그는 글 읽기 시험 때의 일도 회상해 보았다. 그때 그는 누구보다도 잘 읽었지만 성적은 여전히 꼴찌였던 일이 생각났다.

장 뻬루는 폐결핵으로 죽은 어머니에 대한 기억이 전혀 나지 않았다. 그래서 그는 어머니가 자기를 사랑했을까 하는 의심도 해 보았다.

아버지만은 그를 사랑하였다. 마치 자기 아들이 괴로운 자기 자신을 반영한 것처럼, 또는 약초(藥草)와 에텔 냄새가 배어 있는 그의 내실에 누워 있거나 한 것처럼, 실내화를 신고서 이 세상을 지내 온 자신의 초라한 그림자이기나 한 것처럼 그는 아들을 몹시 사랑했던 것이다.

제롬의 누님, 다시 말해서 장 뻬루의 백모는 이 조카를 미워했을 것이다. 그녀는 B…에서 함께 살고 있고, 그 지방의 유력한 저명인사이며, 의회(議會) 의장의 아들 페르낭 까즈나브에게 쏟고 있는 열성과 애정으로 정신이 팔려 있어서 그 밖에 다른 사람들에 대해서는 관심은커녕 안중에도 없었으며, 눈에 그림자조차 비치지 않았었다.

그러면서도 장 뻬루의 백모는 가끔씩 상냥한 미소와 말 한마디 건네는 것으로 장 뻬루의 존재를 무(武)에서 끌어올리는 것이었다. 그녀가 바라본 바에 의하면, 병든 아버지를 모시고 있는 이 불쌍한 조카는 장가도 한번 가보지 못하고 죽고 말 것 같았으나, 이 장 뻬루야말로 뻬루 가(家)의 재산을 그녀의 아들 페르낭 까즈나브에게 물려 줄 장본인이었기 때문이다.

장 뻬루는 사막과 같은 자신의 인생을 한눈에 회상할 수 있었다.

그는 조심스럽게 우정을 불태우면서 3년간의 학교생활을 보내었다. 그러나 그의 친구 다니엘 트라지나 수사학(修辭學) 선생인 신부도 길 잃은 개와 같은 그의 눈길을 이해해 주지는 못했던 것이다.

장 뻬루는 니체의 다른 책 한 페이지를 펼쳤다. 그는 <선악의 피안(彼岸)> 제 260번을 열심히 읽어 보았다. 이것은 주인과 노예의 도덕을 다룬 글이었다. 그는 잠시 동안이나마 햇볕에 태웠는데도 누렇게 뜬 자신의 얼굴을 바라보면서, 니체의 말들을 생각하면서 그 뜻을 새겨 보았다. 그 말들이 마치 10월의 거센 바람처럼 그의 내부에서 노호하는 소리로 들려왔다.

그 순간 그는 자신의 신앙이 마치 뿌리 뽑힌 참나무처럼 그의 발밑에 쓰러져 있는 것을 본 것 같았다. 그의 신앙은 이 작열하는 여름날에 거기 쓰러져 있는 것이 아닌가! 아니다, 아니다. 아직도 나무는 수많은 뿌리로 그를 버티어 주고 있는 것이다. 그러나 회오리바람이 일단 지나가자 장 뻬루는 그의 마음속에서 사랑의 그늘을 다시 찾은 것이다. 그 그늘은 나뭇잎이 무성해져서 또다시 움직이지 않는 나뭇잎 아래서 만들어져서 신비를 이룬 것이다. 장 뻬루는 이 신비를 되찾은 것이다. 그러나 종교란 그에게는 하나의 피난처라는 것을 깨달았다.

그렇다. 종교는 이 험상궂은 고아에게 일찍이 위안을 주었던 것이다. 제단(梯團) 위에 있는 어떤 사람이 그로서는 일찍이 가져 본 일이 없는 친구의 자리를 대신해 주었고, 성모 마리아는

그가 어려서 혈육의 어머니에게서 느끼지 못한 사랑을 느끼게
해주었던 것이다. 그의 마음속에 들어있던 비밀은 고해(叩解)나
혹은 성당의 어두운 내부가 지상에 남아있던 싸늘한 냉기를 거
둬들일 때면—고요한 저녁기도 속에 모조리 쏟아왔다. 그렇게
되면 그의 마음속의 그릇이 눈에 보이지 않는 발길에 밝혀 깨
어지는 것이었다.

　만일 그도 다니엘 트라지처럼 아름다운 머리털과 어려서부
터 여자들의 사랑과 애무를 받아 온 그런 매력적인 얼굴을 가
졌다면 노처녀와 하녀들 틈에 끼어서 살아왔겠는가? 그는 니체
가 고발하고 있는 그런 노예 중의 한 사람이었다. 그는 자신의
내부에서 노예들의 천박한 모습을 느꼈다. 그의 얼굴에도 거역
할 수 없는 형벌의 흔적이 있었고, 그의 존재 전체는 패배를 위
해서 형성되었던 것이다.—그는 그의 아버지처럼 믿음이 깊었
다. 또한 신학적 이론에 있어서는 장 뻬루보다 더 많이 공부를
하였고, 최근까지 성(聖) 아우구스티누스와 토마스 아퀴나스를
열심히 읽던 그의 아버지처럼 그의 모든 존재가 패배를 위해
태어났던 것이다.

　장 뻬루는 교회에 대해서는 전혀 흥미를 느끼지 않았으며,
종교를 감정적으로만 믿어 왔었다. 그래서 제롬의 종교가 무엇
보다도 이성적(理性的)이라는 것에 그는 마음속으로 감탄하고
있었다.

　그래서 그는 아버지가 자주 하던 이런 말을 생각했었다.

'믿음이 없었다면 나는 어찌 되었을까?'

그런데 이렇게 자주 말하던 아버지도 사실은 감기를 이유로 미사를 드리러 가지 않을 정도의 신앙인이었다.

축제일에는 교인들이 제롬을 후덥지근한 제의실(祭衣室)에 앉히기 때문에 그는 옷을 껴입은 그대로 의식에 참여할 수밖에 없었다.

장 삐루는 밖으로 나왔다. 그는 다시 어두컴컴한 담 사이를, 말없이 너그럽게 보이는 나무 밑을 걸으며 마음껏 몸짓도 하고 중얼거리기도 했다.

그는 때때로 자기 자신의 무거운 신앙의 짐을 벗어 버렸다고 스스로 믿으려고 했었다. 그렇게 믿으면 자신의 인생에서 그를 꽉 누르며 지탱해오던 코트나 마개가 갑자기 그에게서 도망쳐 나간 것처럼 느껴졌다. 이제는 아무것도 없구나! 없어! 그는 이제 모든 것이 사라진 상태를 맛보고 있었다!

학창시절의 기억들이 아련하게 그의 눈앞에 떠올랐다.

(나의 불행은 나의 희망을 압도하는구나… 오, 하나님. 저는 당신의 그 무서운 힘을 찬양하나이다.)

그는 조금 더 걸어가다가 나무와 조약돌더미와 담을 향하여, 기독교인들 중에는 위대한 분들이 있으며, 성인이나 수도회 또는 세계의 모든 교회는 권력의 의지를 나타내는 숭고한 예라고 설교했다.

이런 잡다한 생각에 몰두하고 있던 그는 현관에 들어서면서 자신의 발소리를 듣고 다시 제정신으로 돌아왔다. 소리에 뒤따라서 2층에서 신음소리가 들렸다. 졸리는 듯한 소리가 울음에 섞여서 까데뜨를 불렀다.

그때 부엌에서 하녀의 신발 끄는 소리가 들려왔다. 개 짖는 소리도 들렸다. 덧문도 열려졌다.

제롬이 낮잠에서 깨자 온 집안의 정적이 깨어졌다.

정적의 시간이란 눈이 퉁퉁 부어있고, 입안이 쓰고, 세상이 온통 어둡게만 느껴지는 순간이었다.

그래서 장 뻬루는 손님방으로 들어갔다. 그곳은 지하실만큼 시원했다. 벽지는 곰팡이가 나서 벽 속이 다 드러나 있었고, 괘종시계의 시간을 갉아먹는 소리도 귀에 들리지 않았다.

그는 징이 박힌 가죽의자에 앉아 자신의 신앙이 고통스럽게 시련당하고 있는 장소를 물끄러미 바라보았다.

파리 한 마리가 윙윙거리더니 아무데나 앉았다. 그때 수탉 한 마리가 울었다.—이어서 짤막한 새의 소리가 들렸다. 그 다음엔 다시 수탉이 울고 난 다음 시계가 반시간을 알리는 소리를 냈다. 또 수탉 한 마리가 울더니 뒤따라서 여러 마리의 수탉들이 울었다. 그는 버릇이 된 것처럼 항상 외진 골목길로 돌아 교회의 가장 작은 문 앞으로 갔다. 그러고는 교회의 어둠 속으로 스며들어가는 그 아늑한 시간이 올 때까지 그곳에서 잠을 잤다. 그런데 이제는 더 이상 그곳에 가지 않겠다는 건가? 지금까지 쥐며느리 같은 장 **삐**루에게 주어졌던 그 유일한 밀회장소에 안 가다니?

그는 교회로 가는 대신 정원으로 내려갔다. 그곳에 서서 기울어져 가는 해를 보며 혼자 중얼거렸다.

(더위도 이제는 약해지는 구나.)

정원에는 하얀 나비들이 돌아다녔다. 까데뜨의 손자가 상추밭에 물을 주고 있었다. ─맨발에 나막신을 신은 귀여운 녀석, 그는 처녀들의 사랑을 받고 있었으나, 장 **삐**루는 자신이 그의 주인이라는 사실이 부끄러워 그를 보면 오히려 피하는 형편이었다. 이 보잘것없는 주인이야말로 오히려 당당한 젊은 청년을 섬겨야 당연한 것이 아니겠는가?

장 **삐**루는 멀리서도 그에게 웃어 보일 수 없었다. 농부들을 보아도 그는 부끄러워서 전신이 마비된 것 같았다. 그리고 교회에서 원로회나 연구회를 도우려고 하였으나 그때마다 수치심으로 나서지도 못하고 바보처럼 조롱거리만 되었던 것이다. 그래서 밤중에도 돌아오곤 하였다.

한편 제롬은 가로수 길을 따라 걷고 있었다. 가로수 길은 배나무와 해바라기, 목서초와 제라늄이 양쪽에 줄지어 있었으나, 그 부근 일대를 온통 덮고 있는 보리수의 무성한 잎의 냄새로 꽃향기는 맡기가 힘들었다.

제롬은 발을 끌면서 걸어가고 있었다. 바지자락은 발목과 슬리퍼 사이에 끼어 있었고, 찌그러진 그의 밀짚모자는 헝겊 테가 물결무늬로 둘리어 있었다. 제롬은 누이가 잊어버리고 두고 간 낡은 털 케이프를 어깨에 두르고 있었다. 아버지 손에 있는 책이 장 뻬루의 눈에 띄었다. 몽테뉴의 <수상록(隨想錄)>이었다.

어버지에게 몽테뉴의 수상록은 종교와 마찬가지로 <쟁취>를 체념한 생활을 예지의 이름으로 미화시키는 도피의 구실이었다.

「그렇다, 그렇다.」하며 장 뻬루는 같은 말을 반복했다. 저 딱한 양반은 그의 삶의 실패를 때로는 금속주의로, 때로는 기독교적인 복종으로 미화했었지 않은가. 장 뻬루의 머리가 맑아지는 것 같이 느껴졌다.

그는 지금처럼 아버지를 사랑하고 연민의 정으로 대하면서도 또 한편으로는 이렇게 경멸해 본 적은 없었다.

환자는 탄식하는 한숨을 내쉬었다. 목의 고통과 숨이 질식할 것 같은 이 고통에서 면할 수는 없을까?

소작인 뒤베르느 뒤르띠나가 문을 열고 들어섰다. 그는 시집간 딸의 살림도구를 넣을 만한 방 하나를 달라고 왔다. 제롬이 조용하게 고통을 참을 수 있는 곳은 이 세상 어디일까?

설상가상으로 내일은 목요일이었다. 목요일에는 광장에 장이 섰다. 따라서 집안에 사람들이 많이 오는 날이었다. 페리씨떼 누이와 까즈나브와 조카가 온 집안을 멋대로 휘젓고 다닐 것이다. 이런 불길한 날엔 꼭두새벽부터 장터에 끌고 온 가축들이 시끄럽게 하여 환자의 잠을 깨울 것이며, 문 앞에는 까즈나브 가(家)의 자동차가 붕붕거리면서 한 주일에 한 번씩은 찾아오는 귀찮은 사람들이 왔다는 것을 알릴 것이다.

페리씨떼 백모는 부엌으로 들어가 자기 아들의 밥상과 동생 제롬의 밥상을 비교하고는 동생 제롬의 밥상을 엎어버릴 것이다. 그러다가 저녁이 되면 그들 두 사람은 눈물을 글썽이며 헤어짐을 아쉬워하는 카데뜨와 숨을 헐떡이는 그 집 주인을 남겨 놓고 다시 떠날 것이다.

찾아온 손님들이나 친척들 앞에서는 비굴해지고 나약해지는 제롬은 속으로만 원한과 증오심을 쌓아가고 있었다. 그는 까즈나브 모자에 대해서는 <어디 두고 보자>고 투덜거려 왔으므로 그날도 장 뻬루는 아버지가 넌지시 귀띔하는 소리에 전혀 귀도 기울이지 않았던 것이다. 그때 아버지는 속삭이듯이 이런 말을 하였다.

「장, 우리가 저자들에게 골탕을 먹여야겠다. 네가 조금만 거들어 줘라. 너도 그러고 싶지?」

까즈나브 가(家) 따위에는 관심이 그다지 없었으므로 장 뻬루는 그저 웃기만 했다. 그러나 그의 아버지는 그를 바라보더니 또 이렇게 말했다.

「장, 네 나이 정도 때는 멋도 좀 낼 줄 알아야지. 그게 뭐냐, 넌.」

제롬은 지금까지 아들의 몸가짐에 대해서는 관심을 가지고 있는 표시를 한번도 한 일이 없었다. 그런데 갑자기 그런 소리를 하다니! 그렇지만 장 뻬루는 그런 일에 대해서는 아예 말도 하지 않았다. 그는 자신의 운명이 이 기로에서 자신을 위해 준비하고 있는 것이 무엇인지 전혀 짐작할 수 없었다. 그는 아버지의 손에서 몽테뉴의 <수상록>을 받았다. 그러고는 다음 구절을 읽었다.

'나는 위험이 있고, 어둠이 묵묵한 인생을 찬양하노라……'

아, 그렇다. 그들의 인생은 그들이 바라던 대로 위험하고 어둡고 묵묵한 인생이었다.

뻬루 부자는 웅덩이에 고인 물을 바라보고 있었다. 아무런 말이 없었다. 바람이 불어서 웅덩이 물이 잔잔한 물결을 일으키고 있었으며, 웅덩이 속에는 죽은 두더지 한 마리를 놓고 올챙이 떼들이 그 주위로 몰려들고 있었다.

제롬은 저녁이 되어서 그런지 추위를 느끼고는 집안으로 들어갔다. 정원 구석에서 하릴없이 혼자 있게 된 장 뻬루는 골목쪽으로 반쯤 열린 덧문 사이로 밖을 내다보면서 조용히 있었다. 그때 어떤 처녀를 끌어안고 있던 까데뜨의 손자가 그를 보자 얼른 손을 놓았다. 그의 태도는 마치 들고 있던 과일을 떨어뜨리는 것 같았다.

2

그날 밤 장 뻬루는 한잠도 자지 못하고 꼬박 뜬 눈으로 새웠다. 그의 방의 창문은 밤하늘을 향해 열려있었고, 밤하늘은 젖빛과 같았다. 늪에서는 개구리들이 개골거리고 있어서 그 울음소리 때문에 밤인데도 낮보다 더 시끄러웠다. 또 수탉들은 어슴푸레한 별빛 속에서 밤부터 새벽까지 울음을 그치지 않았다. 장터의 수탉들이 농가의 수탉들에게 신호를 보내면 신호를 받은 수탉들은 연달아서 대답을 했다.

「저건 수많은 보초들이 줄줄이 복창을 하는 것이구나……」

장 뻬루는 그런 시구를 여러 번 중얼거리며 마음을 달래면서 밤을 새웠다. 밤하늘은 암청색이어서 별이 뚜렷하게 드러나 보였다.

장 뻬루는 맨발로 일어나서 창문을 통해 창밖의 정경을 내다보았다. 그리고는 사물의 이름을 하나씩 불러보면서 그 전날 있었던 문제를 곰곰이 생각해 보았다. 그는 하나의 형이상학(形而上學)에 집착하고 있었을까? 아마도 신자들이 위대한 스승들 사이에 군림하고 있었을 것이다. 그러나 쌰또부리앙은 일찍 이 세상의 사랑과 애무 때문에 자신의 내세(來世)를 거는 데 주저

하지 않았을까? 그리고 바르베이도르빌리는 단 한 번의 키스를 위해서 그리스도를 수없이 버리지 않았던가? 그러나 이들은 자신들의 신을 배신한 범위 내에서 승리를 했던 것이 아니겠는가?

장 빼루는 새벽의 돼지새끼들이 꽥꽥거리며 짖는 소리에 잠이 깨었다. 목요일마다 하는 버릇대로 덧문을 열지 않았다. 그의 모습이 장터 사람들의 눈에 띄는 것이 싫었기 때문이다.

창문 바로 옆 보도에서 잡화상을 하는 아주머니로 통하는 부리데이 부인이 길을 지나가던 노에미 다르띠엘을 붙잡고 아침식사를 했느냐고 인사를 하고 있었다. 장 빼루는 이제 열일곱살밖에 안된 노에미를 탐스러운 눈으로 바라보고 있었다. 그의 밤색 머리는 스페인 천사처럼 컬이 져 있었으나, 그 밤색 머리는 작고 통통한 그녀의 몸집에 어울리지 않았다.

그러나 장 빼루는 아직 세련되지 못한 그 싱싱한 육체와 천사와 같은 얼굴과의 대조가 매우 잘 어울리는 것을 보며 마음속으로 감탄했다.

장 빼루는 자그맣고 통통한 라파엘의 마리아 상(像)으로 마음속에 최선과 최악의 감정을 일으켜서 고귀한 생각과 유치한 환락을 동시에 불러 일으켰었다. 노에미의 목과 그 부드러운 가슴은 벌써 촉촉한 물기와 함께 빛나고 있었다. 그녀의 짙은 속눈썹은 그늘진 긴 눈꺼풀의 청순함을 한층 더 돋보이게 했다. 어린 티가 아직도 가시지 않은 얼굴과 어린애와 같은 정결한 입술에 아련한 연민의 정을 느끼는가 싶더니 갑자기 소년의 손처럼 튼튼한 손과 발꿈치 부근에서 끈으로 졸라매어 마치 발목처럼 보인 단단한 장딴지가 또 다른 인상을 나타내었다.

장 뻬루는 천사 같은 노에미를 몰래 바라보고 있었다. 그가 까데뜨의 손자였으면 그녀를 정면으로 바라볼 수가 있었을 것이다. 잘 생긴 젊은이라면 비록 천민의 자식이라 할지라도 어떤 처녀도 바라볼 수 있는 권리가 있는 것이다.

장 뻬루는 한숨을 내쉬었다. 그리고 전날에 입었던 샤쓰를 다시 입었다. 그 옷은 며칠씩이나 입었던 옷이다. 그의 몸은 전혀 신경을 쓸 만한 가치도 없었다. 그래서 세면대의 뚜껑을 떨어뜨려도 깨뜨릴 염려가 없도록 하기 위해 물도 아예 작은 세면기 속에 남아있는 물을 퍼서 대야에 부어 쓰곤 했다.

그는 정원의 보리수 밑에서도 기도문을 외우지도 않고 자신의 얼굴이 까데뜨의 손자 눈에 뛰지 않게 얼굴을 가리고 신문을 읽고 있었다. 그런데 그 망할 녀석은 휘파람을 불고 있었다. 귀에 붉은 카네이션 한 송이를 꽂은 그는 마치 젊은 수탉처럼 눈부시게 화려했다. 허리띠가 남색 긴 바지에 꽉 졸라매어져 있었다.

장 뻬루는 그를 지독하게 미워했다. 그리고 그를 미워하는 자기 자신이 미웠다. 저 소년은 결국 형편없는 농사꾼이 되겠지. 왜냐하면 그때는 저 소년처럼 건강하고 멋있는 어떤 다른 소년이 상추밭에 물을 주게 될 테니까. 마치 오늘 아침 저 흰나

비들이 아닌 다른 흰나비가 날아다니고 있듯이 말이다.

장 뻬루는 마음속으로 중얼거렸다.

(오 나의 영혼이여, 이 화창한 여름날 아침에 추한 내 얼굴과 같은 나의 영혼이여.)

장 뻬루는 신부의 피리소리를 들었다. 피리소리는 집안에서 들려왔다. 지금이 방문시간도 아닌데 신부는 도대체 무슨 용무가 있어서 이 시간에 찾아왔단 말인가? 게다가 오늘 같은 날에 성직자라면 보기만 해도 성질을 내는 페르낭 까즈나브를 만나면 어떡하라고?

장 뻬루는 보리수 뒤에 숨어서 페르낭이 뛰면서 지나가는 것을 보고 있었다. 그는 식사시간 전에 항상 5분씩 저렇게 뛰었다. 그의 어머니가 숨을 헐떡이면서 아들의 뒤를 따라갔다. 온몸이 다리가 된 듯한 그녀의 커다란 몸집, 불룩한 몸체, 늙은 쥐농 여신처럼 가슴에 달라붙어 있는 머리—이 모든 것이 마치 낡고 고장 난 기계가 단추만 누르면 온 장치가 움직이게 되듯 아들의 명령에 따라 움직이고 있었다.

의원(議員)인 페르낭은 걸음을 멈추고 어머니를 기다리고 있었다. 이마에 흐르는 땀과 캉캉모자 안의 가죽 떼를 수건으로 닦았다. 눈살을 찌푸리고 있는 이 우상적인 인물은 알파카의 옷 밑으로 땀을 흘리고 있었다. 코안경 뒤의 금속성의 두 눈에는 이 세상의 아무것도 비치지 않았다. 그의 어머니가 마치 나뭇가지를 치듯 세상 사람들을 밀어내고 아들의 길을 열어놓았기 때문이다. 소문에 의하면 그의 어머니가 이런 소리까지 했다는 것이다.

「내 아들 페르낭이 장가를 드는 날엔 내가 며느리를 죽여버리고 말 걸.」

그 소리를 들은 어떤 색시도 죽음의 위험을 무릅쓰고 결혼하려고 하지 않았다. 게다가 또 어떤 젊은 여자가 나이 50이 넘도록 어린애처럼 어머니의 보호를 받고 살아가는 이 남자에게 시집을 가겠는가?

삼종의 기도 종소리가 들려왔다. 장 뻬루는 페르낭 의원이 「빌어먹을 저 놈의 종소리」 하고 중얼거리는 소리를 들었다.

그는 백모와 페르낭이 이미 식당에 들어가서 자리를 차지하고 냅킨까지 두른 뒤에 식당으로 슬그머니 들어갔다. 제롬도 겁먹은 듯 등을 구부리고 뒤늦게 들어왔다. 그러나 그의 눈은 번뜩이고 있었다. 그는 신부를 만나서 늦었다고 변명을 했다.

고개를 어깨 속으로 움츠리고 있던 뻬루 부자는 구운 양고기가 나오자 여러 사람으로부터 날벼락을 맞았다. 제일 먼저 음식을 맛본 페르낭 까즈나브가 포크를 들고 어머니의 눈치를 살폈다. 페리씨떼 백모는 고기냄새를 맡아 본 다음, 고기를 뒤집더니 내뱉듯이 한 마디 했다.

「너무 구웠구나.」

그러자 모자는 공모라도 한 것처럼 일제히 접시를 밀어내었다. 까데뜨가 쫓기는 닭처럼 허둥대는 눈으로 나타나서 억센 사투리로 구운 양고기를 변명했다. 그런 건 다 불필요한 변명이었다. 그런 와중에도 페르낭 의원은 결국 너무 구웠다고 불평하던 그 양고기로 자신의 허기를 채웠다. 배를 채우자 그는 뻬루 숙부에게 미리 인사를 하러 가지 못했던 변명을 늘어놓았다. 그렇지만 사실은 현관에서 신부의 모자를 보고서 안으로 들어가지 않았던 것이다.

뻬루 부자는 그가 신부를 보기만 해도 몸서리를 친다는 것을 알고 있었다. 제롬은 눈을 아래로 내리뜨고는 힘없는 목소리로 말했다.

「장, 신부님이 널 장가보내려고 오신 거야. 신부님이 널 장가보내겠다고 말야.」

페르낭이 씩 웃더니 그건 농담이라고 말했다.

「아니, 왜? 뻬루도 나이가 스물세 살이나 먹었잖아.」

그러자 페르낭 까즈나브는 화를 냈다. 신부가 그런 일에 관여하느냐면서 남의 집안일에 왜 참여하느냐는 것이었다.

자제하지 못한 그는 낮은 목소리로 장 뻬루가 장가를 들 수 있느냐고 노골적인 질문까지 했다.

그의 어머니는 눈을 꿈쩍이며 아들의 교양없는 말에 주의를 주었다. 그리고는 한 마디 했다.

「장이 결혼하면 좋지. 이 집안에는 아직까지 주부가 없었으니까. 그러나 요즘 젊은 여자들은 모두 성깔이 있어서 아차하면 장가든 다음에 집안이 엉망이 될 거야.」

이번에는 페르낭이 분을 억제하고는 어머니 말에 동조했다. 장 뻬루도 물론 가정을 가질 수 있다. 그러나 그것이 잘못하다가는 그에게 불행이 되지 않겠는가? 이 친구도 노총각의 기벽(奇癖)과 습성이 몸에 배어 있어서 결혼생활에 적응을 잘못할 수도 있지 않느냐고.

페리씨떼 백모도 동생 제롬이 만일 그렇게 될 경우에는 이들 부부와는 살지 않는 것이 좋겠다고 넌지시 말해 주었다. 물론 그 타격은 그에게 심한 상처가 될 것이다. 그러나 그녀는 장 뻬루가 중학교에 가려고 집을 떠날 때마다 아버지가 말렸던 일을 생각했다. 자리를 잡아놓고 짐을 챙긴 후 마차가 문 앞에 당도하여 떠나려고 하면 제롬은 그 순간 아들을 붙잡고 못 가게 하였던 것이다.

장 뻬루는 불안하지만 이 결혼이야기가 아버지의 속임수라고까지는 생각하지 않았다. 그래서 그는 마음속으로 10월 2일 밤마다 일어났던 지난 일들을 회상해 보았다. 10월 2일 밤이면 그를 태우고 갈 구식 마차가 문 앞에서 그를 기다리곤 했다. 그 마차는 바자데 지방을 지나 랑드 지방의 아이들이 작은 사전을 펴보기 좋아하는 기독교학교까지 그를 싣고 갈 마차였다.

그리고 그의 증조부가 쓰던 트렁크에는 꽃무늬 종이쪽지들이 찢어진 채로 붙어 있었다. 그 때마다 제롬은 흐느끼며 발작이 일어나는 척 했다. 그는 대수롭지 않은 이별의 슬픔 앞에 약했던 것이다. 그 때부터 이 나약한 양반은 침묵을 강요했는지도 모른다. 그러나 그 침묵도 그의 곁에 붙잡아 놓은 장 뻬루의 고통스럽고 답답한 생활로 자주 깨어지곤 했었다.

그리하여 장 뻬루는 결국 열다섯 살까지 이 고장의 신부 밑에서 공부를 하게 되었고, 학교라고는 대학입학 자격시험 공부를 하기 위해 처음 가 본 일밖에 없었다. 그런데 그를 결혼시키다니? 이런 갑작스러운 결심은 어디서 오게 된 것일까?

장 뻬루는 그 전날 아버지가 정원에서 하던 이상한 말을 생각해 보았다. 그런데 무엇 때문에 고민하고 있을까? 그는 장 뻬루같은 남자는 결혼할 처지가 못 된다는 말을 여러 번 했었다.

그런 말을 까즈나브 모자는 민주적으로 풀이해 보려고 애를 쓰고 있었다. 그들은 이제 신붓감의 이름도 알아야겠다고 야단이었다.

그러나 제롬은 낮잠 잘 시간이 되었으므로 그런 질문을 피할 수가 있었다.

까즈나브 모자는 찌는 듯한 더위를 무릅쓰고 정원으로 나갔으며, 장 뻬루는 불안한 마음을 버리지 못한 채 복도에서 그들의 이야기를 듣고 있었다.

그들의 출발을 알리는 발차 소리에 환자는 잠이 깨었다. 그리고 장 뻬루는 아버지의 슬리퍼 소리를 듣고는 방안으로 들어갔다. 방안은 약냄새가 코를 찔렀다.

약국 안에는 악취가 진동했는데, 이곳에서 장 뻬루는 자신의 혼담이 농담이 아니라 진짜로 거론되었다는 사실을 알게 되었다. 장차 신붓감은 다름 아닌 노에미 다르띠엘이라는 것도 듣게 되었다.

장 뻬루의 온몸이 거울에 비쳐왔다. 불타버린 황야에 뼈만 남은 집 모양의 메마른 그의 몸 뚱이었다.

그는 중얼거렸다.

「그 여자는 날 싫다고 할 텐데.」

그러나 그는 다음과 같은 말을 듣고 자기 귀를 의심할 정도로 놀랐다.

「노에미에게 넌지시 말했더니 싫단 말은 안 하더라……」

지금 다르띠엘 집안에서는 좋은 꿈이라도 꾼 것처럼 그들의 행운이 믿어지지 않았다.

그러나 장 뻬루는 고개를 흔들고는 두 손으로 그 환영을 막아내는 것처럼 했다. 젊은 처녀가 내 품에 안기다니, 더군다나 마음을 허락한 처녀가? 그것도 미사 때에나 보던 노에미가－검은 꽃과 같던 그 눈을 단 한 번도 정면으로는 바라보지 못했던 노에미가? 그녀가 성당 안을 지나갈 때, 그 신비스러운 몸이 일으키는 향내와 바람을 장 뻬루는 지금까지 맛보았던 유일한 키스처럼 그의 육체에 받아들였던 것이다.

그러나 그의 아버지는 그에게 자신의 마음을 이야기했다. 그것은 곧 신부의 의견과 똑같은 것이었다. 즉, 뻬루 집안의 대를 이을 후손이 있어야 하며, 그래야만 그들로부터 재산이 페리씨

때 백모나 페르낭 까즈나브에게로 넘어갈 위험이 없다는 것이다.

제롬은 덧붙여서 한 마디 했다.

「신부님께서 그렇게 되기를 진심으로 바라고 계시단다.」

장 뻬루는 쓴웃음을 웃고 얼굴을 찡그렸다. 이윽고 그의 입술이 파르르 떨렸다.

「그 여자는 날 보면 질겁하고 도망갈 거요.」

그의 아버지는 그 말에 대꾸를 하지 않았다. 아들이 아직 한 번도 남의 사랑을 받아보지 못했으므로 결혼의 행복이 무엇인지를 알 수가 없으리라고 생각했기 때문이다.

그러나 그는 마음이 흐뭇해서 신부가 특별히 색시 감을 골라 주었다는 사실과 노에미가 교구(敎區) 주민들 사이에 평판이 좋다는 것과 그녀의 미덕을 여러 가지 열거 하였다. 노에미는 결혼을 할지라도 육체적인 쾌락을 찾는 그런 여자는 아니라는 것이었다. 다시 말해서 하나님과 남편에게 복종하고, 부인으로서의 의무를 충실히 하는, 말하자면 요즘 세상에서 간혹 볼 수 있는 정숙한 여자－임신을 여러 번 해도 순진무구한 정숙함을 잃지 않는 그런 여자가 될 것이라는 것이었다.

제롬은 잔기침을 하더니 마음이 어느덧 감동이 되어 있었다.

「네가 행복한 결혼으로 그 까즈나브네 손아귀에서 벗어나게만 되면 내가 편히 눈감을 수 있을 거야……」

신부는 일을 서두르기를 원했다. 장 뻬루는 내일이라도 당장 노에미를 만날 수 있다고 신부가 말했다. 노에미는 사제관에서 장 삐루를 기다릴 것이다. 그리고 노에미의 어머니인 다르띠엘 부인은 사제관에 두 사람을 남겨둘 것이다. 제롬은 그 문제에 대한 설명을 하여 장 삐루의 거절을 설득시키기 위해서 말을 빠르게 했다. 그는 흥분되어 손가락 끝이 떨렸다.

장 삐루는 제정신이 아니어서 할 말을 다하지 못했다. 겁을 먹고 있는 것은 참으로 창피한 일이었다. 지금이야말로 노예의 신분을 벗어던지고 주인으로서 행동할 수 있는 순간이 마침내 찾아온 것이다. 이 절호의 기회가 그가 노예의 쇠사슬을 벗어던지고 당당하게 한 인간이 되어서 살 수 있는 순간이었던 것이다.

모든 사람이 그의 대답을 독촉하자 장 삐루는 막연한 상태로 그저 고개만 끄덕여 보였다.

후에 그는 자신의 운명을 결정하는 순간을 생각했을 때, 전에 이해가 잘 안 가던 니체의 전집 그 10페이지가 마음을 움직여 그가 결심하게 되었다는 것을 알았다.

그는 제롬을 남겨놓고 그 자리를 빠져나왔다. 제롬은 너무 쉽게 결정된 데 대하여 어리둥절하였으나, 그 사실을 빨리 사제관에 전달하려는 마음이 조급해졌다.

장 삐루는 층계를 내려오는 동안 벌써 그 기적 같은 사실이 사실로 받아들여지면서 자신의 순결을 약간은 잃은 것 같다는 느낌이 들었다. 처녀라고 해서 그 순결성이 영원한 것은 아니라는 것을 그는 깨닫게 되었다.

그는 마음속에 하나의 환영을 생각하고 그것을 응시했다. 약간 대담해졌다. 정신을 잃어도 좋다는 생각이 들었다.

장 뻬루는 목욕하고 싶은 생각이 났다. 지롱드 지방의 목욕실이 흔히 그런 것처럼 뻬루 집안의 목욕실 욕조에도 감자가 가득 쌓여 있었다. 까데뜨가 욕조를 치워 놓았어야 할 터인데, 그는 혼자 중얼거렸다.

장 뻬루는 저녁식사를 끝내고 마을을 건너갔다. 그는 아무 말도, 아무런 표시도 하지 않기로 했다. 혼자 말하는 것도 하지 않겠다고 마음먹었다.

문 앞에 몰려 있는 마을 사람들에게 무표정하게 사무적인 인사만 했다. 그들은 마치 늪 속의 개구리들처럼 그가 그들 가까이에 가기만 하면 하던 이야기들을 뚝 멈추었다. 그러나 그들의 얼굴에는 냉소와 조롱의 빛은 전혀 없었다.

그는 마침내 마지막 집을 지나 좌우로 빽빽하게 서 있는 소나무 숲 사이로 보이는 길로 들어섰다. 소나무 숲은 그에게 후덥지근한 더위를 내뿜었으며, 아직도 새싹들로 덮은 많은 솔방울들이 숲속에 있는 성당을 향해 향기를 뿜어내고 있었다.

그는 그곳에 도착해서 비로소 웃기도 하고 어깨를 흔들기도 하며, 또 손가락 마디를 눌러서 딱딱 소리를 내며 소리를 지를 수가 있어서다.

「나는 주인이다. 나는 주인이다!」

그렇게 소리를 지르다가는 다음과 같은 2행시(二行時)를 읊었다. ─ 무슨 은밀한 원동력으로, 어떤 연결로 하늘은 인도했는가? 이 엄청난 사건을.

3

장 뻬루는 대화가 끊어질까봐 겁이 났다. 화제가 막힐까 걱정이 된 신부와 다르띠엘 부인은 계속 화제를 바꾸어가며 이 얘기 저 얘기를 하였다. 이 얘기들은 뜻이 있는 이야기거나 해야 할 이야기도 아니었다. 건성으로 하는 이야기였다. 그래서 얼마 안 있으면 그들도 더 이상 할 이야기가 없어지고 만다.

노에미의 원피스는 그녀가 앉아 있는 의자 밖으로 늘어져 있었다. 이것은 마치 꽃병 밖으로 펴져 나온 한 송이의 목련꽃과도 같았다.

벽이나 벽난로가 모두 초라한 가난한 응접실이지만, 하나님이 계시는 이 응접실에서 7월의 어느 날, 노에미는 그 방을 처녀 특유의 냄새로 채우고 있었다. 더욱이 밤중에는 방안에 놓아두기가 어려운, 향기 높은 꽃들처럼 방안을 온통 처녀의 향기로 가득 채웠던 것이다.

장 뻬루는 고개도 들지 못하고 눈만 치켜떠서 노에미를 바라본다. 그는 노에미가 하늘에서 내려온 선녀나 된 것처럼 그녀를 열심히 살펴보았다. 양쪽 볼에는 까만 점들이 있었다.

신부가 무슨 말을 하자 그녀는 가볍게 생긋 웃었다. 그때 장 뻬루는 그녀의 고른 흰 이빨 사이로 윤기 없는 송곳니 하나를 볼 수 있었다.

장 뻬루가 이렇게 열심히 바라보자 그녀는 검은 눈을 그에게로 돌리지 않았다. 그는 어쩌면 노에미의 눈에 자신의 모습을 보이지 않으려고 계속 그녀만 바라보고 있는지도 모른다.

다행히 신부는 혼자서 이야기를 인도하면서 간혹 설교도 했다. 그는 키가 작고 통통한 편이었지만, 얼굴에는 명랑한 구석도 전혀 보이지 않았다. 비교적 몸은 비만형이지만 근엄한 빛이 그의 몸에서 역력하게 나타났다. 그는 농가에서 존경을 받지 못하고 있었다. 그러나 마을 주민들은 그를 좋아했다. 부락에는 그의 가르침을 받아 깊고 숭고한 구도생활(求道生活)을 하는 사람이 많았다. 그가 나타날 때에는 그의 온화함이 마을 전체에 풍겼다. 그는 부드럽고 겸손하지만 옳은 일에 대한 그의 의지는 결코 꺾이는 일이 없었다. 그는 동네 처녀들에게 일요일 수도회에 참석하지 못하게 하며, 젊은 남녀의 불장난을 반대했다. 그가 우체국장 부인이 부정을 저지르기 직전에 제지한 사실을 아는 사람은 마을에서는 아무도 없었다.

그런데 신부는 장 뻬루가 독신으로 지낸다는 것이 좋지 않다고 생각한 것이다. 그리고 무엇보다도 이 사제가 중요하게 생각한 것은 뻬루 가(家)가 장차 까즈나브 집안에 흡수되는 일은 없어야 한 다는 것이다. 즉, 늑대가 양의 우리 속으로 숨어들어서는 안 되겠다고 생각한 것이었다.

장 뻬루는 여자의 숨소리가 그렇게 클 줄은 몰랐었다. 노에미가 숨을 들이쉴 때는 가슴이 부풀고, 젖가슴이 사뭇 턱에 닿을 것만 같았다.

신부는 이제 더 이상 어색하게 숨길 필요도 없다는 듯이, 젊은 사람들끼리 하고 싶은 속이야기가 있을 거라며 자리에서 일어났다. 그리고 일어서면서 다르띠엘 부인에게도 정원으로 자두 열매가 맺는 것을 구경하러 나가자고 권했다.

이제 어두운 방안에는 마치 곤충학 실습에라도 제공된 듯한 암컷 앞에 겁을 먹은 검은 머리의 조그마한 수컷 이외에는 아무것도 없다.

장 뻬루는 몸이 빳빳하게 굳어져서 눈도 들지 못하고 있었다. 그는 이제 자기에게 쏟아지는 시선에 포로가 되어 꼼짝 못하고 앉아 있는 것이었다.

이번에는 처녀 쪽에서 자신의 포로가 된 이 벌레 같은 사나이를 관찰하고 있었다. 얼굴 모습을 여러 모양으로 바꿀 수 있는 젊은 청년, 모든 젊은 처녀들의 꿈의 반려자, 그녀들이 잠 못 이루는 밤에 그 단단한 가슴과 힘 있는 두 팔로 꽉 끌어안아 줄 수 있는 남자—그런 남자의 환영이 이제는 이 사제관의 어두운 황혼 속으로 뿌옇게 흐려지며 용해되어 버려서, 결국 이 응접실의 어두운 한 구석에 제정신이 아닌 저 귀뚜라미 같은 청년의 모습으로 바뀌어가는 것이었다.

그녀는 자신의 운명을 생각하며 그 운명이 피할 수 없는 것임을 알고 있다. 뻬루 가의 아들을 남편으로 맞이하지 않겠다고 거절할 수가 없었다.

노에미의 부모는 행여나 신랑 쪽에서 노에미를 거절할지 모른다는 생각은 했어도, 자기 딸이 싫다는 말이 나온다는 것은 상상조차 할 수 없는 것이었다.

15분 전부터 그녀의 눈앞에는 손톱을 물어뜯으며 의자에 앉아 계속 몸을 뒤틀고 있는 남자가―그녀의 인생이 그녀에게 준 모든 것이었다.

장 뻬루는 일어섰다. 일어선 모습은 앉아 있을 때보다 더욱 작아 보였다. 그리고 그는 무엇인가 말하고 있었지만 그녀의 귀에는 들리지 않았다. 그는 계속 중얼거렸다.

「난 그럴 자격이 없는 사람이에요.」

그의 말이 떨어지자 그녀는 곧 응수했다.

「무슨 그런 말씀을!」

장 뻬루는 미친 듯이 자기비하(自己卑下)를 하면서, 자기는 누구에게도 사랑을 받을 수 없다는 것을 인정하며, 오직 자기 쪽에서 사랑을 할 수 있도록 허락해 달라고 말하고 있었다. 그의 말은 조리가 없어서 낱말이 먼저 튀어나온 뒤에야 문장이 형성되었다.

그는 스물세 살이 된 오늘까지 자신의 심정을 한 여인에게 나타낼 수 있는 날을 기다리며 살아 온 셈이다. 그는 자신의 아름다운 영혼을 표현하기 위해 몸짓을 해가며 말한다. 그는 마치 혼자 있는 거나 마찬가지였다.

노에미는 방문 쪽을 바라보고 있었다. 그녀는 놀라지도 않았다. 그녀는 장 뻬루가 <머리가 돈 이상한 남자>라고 지금까지 들어왔기 때문이다.

그는 계속 중얼거리고 있었으며 문은 계속 닫혀 있었다. 사제관 안에는 이 착한 청년과 그의 몸짓만이 살아 움직일 뿐이었다.

노에미는 가슴이 메는 것처럼 아팠다. 눈물이 복받쳐 흘렀다. 장 뻬루도 입을 다물었다. 그러자 노에미는 박쥐 한 마리가 날아 들어와 어딘가에 숨어 있는 방에라도 있는 것처럼 무서웠다.

신부와 다르띠엘 부인이 돌아오자 노에미는 어머니에게 매달렸다. 그녀는 그러한 자신의 태도가 승낙의 표시라고는 상상도 못했던 것이다. 그러자 신부는 이미 장 뻬루의 뺨에 자신의 뺨을 비벼대며 기뻐하고 있었다. 노에미와 그녀의 어머니는 이웃 여자들의 호기심을 끌지 않기 위해 둘이서만 돌아갔다.

장 뻬루는 덧문으로 나가서, 문틈으로 노에미의 원피스를 바라보았다. 노에미의 날씬하고 마른 다르띠엘 부인을 마치 강아지처럼 뒤쫓아 가고 있었다.

남의 눈에 띄고 싶지 않다는 생각 하나로 늘 사람들 곁을 떠나 숨어서만 살아 온 이 야생의 청년은, 며칠 사이에 자신에 대한 소문이 온 마을을 떠들썩하게 되자 당황하면서 어리둥절한 나날을 보내고 있었다.

운명이 그를 그 어둠 속에서 끌어올린 것이다. 니체의 말이 마치 마술처럼 고독한 그의 방 벽돌을 허물고 말았다. 고개를 움츠리고 눈만 깜빡거리는 그의 몰골은 마치 한낮에 놓여난 박쥐 꼴 이었다.

그의 주변 사람들도 변해갔다. 제롬은 자신의 건강관리도 도외시하고, 낮잠조차 자지 않은 채 교회의 사제관으로 신부를 찾아갔었다.

까즈나브 집안의 식구들은 그 후 목요일에도 나타나지 않게 되었다. 그들은 장 뻬루의 체질과 또 결혼생활에 적합하지 않을 것으로 여겨지는 그의 여러 가지 특성에 관해 불명예스러운 소문만을 퍼뜨림으로써 자신들의 존재를 알릴뿐이다.

장 뻬루는 자기비하(自己卑下)를 심하게 느끼고 있기 때문에, 다르띠엘 가의 사람들에게는 자기가 선망의 대상이 되고 있다는 생각은 조금도 하지 못했다.

마을 사람들은 모두 노에미가 그런 복을 누릴 자격이 있다고 말했다. 그녀의 오래된 가문은 계속 사양길에 접어들고 있었다. 근면하기로 소문난 다르띠엘은 여러 가지 사업에서 실패만 거듭했으므로, 지금 면사무소에서 일하는 것을 그렇게 부끄럽게 생각하지 않고 있었다. 부활절에 다르띠엘 가정에서 오랫동안

일하던 가정부가 나가게 된 것도 이제는 널리 알려진 비밀이었다.

장 뻬루는 거울 속에 비친 자신의 모습을 바라보았다. 그는 이제 자신이 그렇게 못난 남자라고 생각하지 않게 되었다.

신부는 사방으로 돌아다니며, 뻬루 집안의 아들이 남보다 떨어질지 모르지만 그 정신만은 훌륭하다고 선전하고 다녔다.

장 뻬루는 매일 밤 응접실의 소파에 앉아 자신에 관해 흘러들어오는 말에 흥분되어서 혼자 떠들고 있었으나, 노에미는 계속 침묵을 지키고 정중하게 있었다. 이런 모습을 본 그는 얌전한 처녀란 신부의 말처럼 약혼자의 정신을 특히 존중하는 법이라고 생각했다.

장 뻬루는 전에도 늘 혼자서 중얼거리는 버릇이 있었지만 그녀 앞에선 정신없이 얼굴을 찡그리며 몸짓을 하고 느닷없이 시구를 인용하기도 하였다. 그리고는 소파에 쭈그리고 앉아 있는 이 아름다운 아가씨도 길가의 나무들이 자기 말에 귀를 기울이고 있는 줄로 생각하듯이 자신의 이야기에 귀를 기울여 주는 줄만 알고 있었다.

그는 마음속에 있는 말들을 하다 보니 어쩌면 정신생활의 뿌리를 수정하지 않을 수 없게끔 한 니체의 이야기도 하게 되었다.

노에미는 동그랗게 만든 작은 손수건으로 땀에 젖은 손을 닦으며 계속 문 쪽만 바라보고 앉아 있었다. 문 뒤에는 그녀의 양친이 계속 그녀로서는 알 수 없는 이야기를 수군대로 있었다. 지금까지 인생에서 수많은 쓴 고비를 겪어 온 다르띠엘은 이번 기회에 재산을 회복하여 그들의 실패를 보상할 수 있다고 믿었지만, 장차 사위될 사람에 대한 여러 가지 소문으로 인해 괴로웠었다.

그러나 다르띠엘 부인의 말에 의하면, 그런 중상모략은 모두가 까즈나브 집안의 악의적인 태도나 지금까지 장 뻬루가 여자를 멀리 해 온 태도 때문이지 다른 이유가 없다는 것이다.

11시를 알리는 종이 울렸다. 달빛이 마을을 환히 내리비쳤다.

다르띠엘 부인은 기침도 하지 않고 소리 없이 방문을 열었다. 그리고 깊은 생각에 몰두하고 있는 두 젊은 남녀를 보자 실망의 표정을 지었다. 그녀는 두 남녀에게 「사랑하는 사람들에게는 미안하지만 이젠 소등시간이에요.」 하고 말았다.

장 뻬루는 노에미의 머리에 가볍게 키스를 한 다음, 거리의 집들을 끼고 자신의 긴 그림자를 뒤로 하며 집으로 돌아왔다.

그의 힘찬 발걸음 소리가 마을의 개들의 잠을 깨워서 시끄럽게 짖는 소리가 들려왔다. 잠을 깬 개들은 달빛으로 다시 자지 못하는지 계속 짖어댔다. 그래서 그는 한밤중에 온 마을을 개 짖는 시끄러운 소리로 채워 버린 꼴이 되었다.

그런데 이상한 일이었다. 장 뻬루는 이제 노에미가 대미사 때 그녀가 옷으로 바람을 일으키며 지나가도 아무런 감동이 일어나지 않았던 것이다.

장 삐루는 그녀가 자기에게 몸을 맡기게 될 9월 밤의 일을 생각하지 않으려고 고개를 들었다. 그런 밤은 결코 오지 않겠지. 전쟁이 터지거나, 지진이 일어나서 그런 일은 결코 일어나지 않겠지…….

노에미는 긴 슈미즈 바람으로 별을 보면서 기도문을 외우고 있었다. 차가운 돌바닥 위에 맨발이었다. 그녀는 밤의 자비에게 자신의 부드러운 몸을 내맡기고 있었다. 입가에까지 흐르는 눈물을 닦으려고 하지도 않고, 실성한 것처럼 그녀의 몽상은 이 세상을 떠나 저쪽 세상을 향하는 것 같았다. 그때 귀뚜라미 울음소리가 그녀의 의식을 깨우쳐 주었다.

어느 날 밤, 더운 밤에 시트에 누워 전신을 내맡긴 채, 처음에는 소리를 죽이며 흐느끼다가 결국은 끝없이 괴로워하면서 생명에 불타올라 풀잎처럼 싱그럽고 그 순결하고도 완벽한 육체를 그녀는 연민의 눈으로 바라보게 되리라. 저 귀뚜라미 같은 인간은 도대체 이 육체를 어쩌겠다는 것일까?

그녀는 비로소 알고 있었다. 풀잎처럼 싱싱하고 순결한 자신의 육체를 그는 애무할 수 있다는 것을, 신비스러우면서도 무서운 애무를 할 수 있는 권리가 그에게는 있었던 것이다. 이제 그 남자와 일생동안 같이 지내야만 하다니!

그때 어머니가 뜻밖에 나타나서는 「그 자켓이 꽃으로 장식하니 더 멋있구나. 머리도 그렇게 짧게 땋으니 더욱 좋고.」하고 말했다.

노에미는 흐느끼다 말고, 결혼하기가 무섭다면서 칼멘 수녀원에 들어가고 싶다고 넋두리를 했다. 그 말을 들은 다르띠엘 부인은 조금도 놀란 기색이 없이 딸의 울음이 그칠 때까지 꼭 안아주었다. 그러고 나서 이런 문제는 신부님과 상의하라고 했다. 그런데 중매를 해 준 분이 바로 신부님인데, 어떻게 신부님에게 결혼을 포기하겠다고 말할 수 있겠는가.

노에미는 깨끗한 영혼을 가지고 있었으며, 사랑과 효성이 지극했었다. 그래서 어머니의 그런 충고에 아무런 대꾸도 하지 못했다. 그녀는 소설 하나 읽지 못하고, 부모의 집에서 살림만 도우면서 순종해 왔다. 어머니는 그녀에게 남자가 꼭 미남이라야 좋은 것은 아니며, 결혼은 사랑을 낚는 것이라고 일러 주었다.

그러나 노에미를 설득하는 데는 「빼루 집안의 아들을 거절해서는 안 된다」는 말만 하면 되었을 것이다. 노에미는 빼루 집안의 아들을 거절할 수 없었다. 이 지방에서 제일가는 가문과의 결혼을 거절할 수가 없었다. 아니, 거절해서는 안 되는 것이었다.

4

지진은 일어나지 않으며, 하늘에는 그런 기색조차 없었다. 9월의 이 화요일 새벽은 조용히 온 누리에 찾아온 것이다.

집안 식구들은 정신없이 자고 있는 장 뻬루를 깨워 주었다. 현관의 포석(鋪石)과 문간의 툇돌은 회양목과 월계수, 목련 잎사귀에 덮여 보이지도 않았다. 사방에 흩어져서 밟히는 꽃향기가 온 집안을 가득 채우고 있었다. 들러리 소녀들이 소곤거리고 있었다. 그들은 옷이 구겨질까 봐 겁이 나서 앉지도 못하고 서 있었다.

피로연회장인 적마(赤馬) 홀은 조화의 꽃다발로 장식되어 있었다. 완벽하게 준비된 음식들이 10시 기차로 B……에서 운송되어 올 것이다. 거리거리에서 지붕 없는 사륜마차들이 흰 장갑을 낀 가족들을 실어왔다. 햇빛이 신사들의 머리 위에 우뚝 솟은 실크해트를 놀려대고, 농부들은 그들의 연미복을 감탄의 눈으로 바라보고 있었다.

제롬은 자신의 계획을 밝혔다. 그는 침대에 그대로 누워 있겠다고 했다. 주변의 장례식이나 결혼식 같은 일에는 참석하지 않는 것이 곧 그의 생활방식이었다. 그는 그런 불편한 예식이 있을 때마다 클로랄 한 알씩을 먹고 커튼을 내리는 것이다. 아내의 임종 때에도 그는 집에서 가장 꼭대기에 있는 방안에 틀어박혀 벽에다 코를 박고 누운 채로, 마지막 삽의 흙이 관을 덮고 나서 기차가 조문객의 마지막 한 사람까지 다 태워갔다는 이야기를 들을 때까지 눈도 뜨려고 하지 않았던 것이다.

아들의 결혼식 날에도 그는 새파랗게 질린 얼굴로, 예복 속에 묻혀 잘 보이지도 않는 장 뻬루가 축복을 받으러 왔을 때 까데뜨가 덧문 여는 것을 가로막았다.

그 끔찍한 날! 장 뻬루는 모든 수치심이 한꺼번에 가슴 속에서 되살아났다.

행렬은 요란스러운 종소리 속을 뚫다시피 지나가게 되었지만, 그는 귀가 사냥꾼처럼이나 예민하여 군중 속에서 수군대는 동정의 소리를 한 마디도 놓치지 않고 엿들을 수 있었다.

그는 어떤 청년이 「참 안됐는데!」라고 중얼거리는 소리를 들었다. 의자 위에 올라서서 구경하던 처녀들이 키득거리는 소리도 들었다. 그는 등불이 켜져 있는 제단과 왁자지껄하는 군중들 틈에 끼어 흔들리면서도 기도 의자의 비로드를 움켜쥐고 있었다. 그는 옆을 쳐다보지는 않았지만, 그러나 자기 곁에서 한 여인의 신비로운 육체가 몹시 떨리는 것을 느끼고 있었다…….

신부는 끝없이 읽어내려 갔다. 아! 그의 설교가 끝나지 말아 주었으면! 그러나 태양은 낡은 포석 위에 그 빛을 뿌리면서 그늘을 드리우게 되리라—그러다가는 이윽고 계시적인 밤의 세계가 열릴 것이다.

음식은 더위 때문에 상해 있었다. 왕새우 한 마리에서는 썩은 냄새가 코를 찔렀다. 얼음과자는 노란 크림색으로 변해 있었다. 파리들은 도망가기는커녕 오히려 케이크 위에서 짓이겨질 형편이었으며, 거추장스러운 옷차림 때문에 뚱뚱한 여자들은 숨이 막힐 지경이었다. 맹렬하게 흐르는 땀이 용서 없이 가슴을 불태우고 있었기 때문이다. 오직 아이들의 테이블 만이 환성을 올리는 터였다.

그 소란한 잔치의 밑바닥에서 장 뻬루는 사람들의 얼굴을 살펴보았다. 페르낭 까즈나브는 노에미의 숙부에게 무슨 말을 수군수군하고 있는 것일까? 장 뻬루는 벙어리처럼 입술의 움직임을 보고 그 말의 내용을 집작해 내었다.

「댁에서 우리 얘길 들으셨더라면 이 같은 불행은 피하실 수가 있었을 텐데요. 하지만 우리 입장으로 중간에 끼어든다는 건 매우 난처한 일이라서……」

5

아르까숑(프랑스 서남쪽에 있는 마을)에서의 이 신혼부부의 방은 모조 대나무 가구들로 꾸며져 있었다. 화장실의 도구 또한 어느 것 하나 직물로 씌우지 않았으며, 벽지에는 죽은 모기들이 그대로 달라붙어 있었다.

열린 창문으로는 연못의 숨결이 물고기며, 채포며, 소금 냄새를 실어오고, 요란한 발동기 소리가 수로 쪽으로 멀리 사라지고 있었다. 무명으로 만들어진 커튼의 그늘 밑에서 두 명의 수호천사가 부끄러워하는 그들의 얼굴을 가려주고 있었다.

장 뻬루는 한동안 싸우지 않으면 안 되었다. 처음에는 거울 속에 비친 자기 자신의 모습과, 그 다음에는 죽은 듯한 한 사람의 여인과 싸워야만 했던 것이다.

새벽이 되어서야 가날픈 신음소리가 6시간이나 계속되었던 투쟁의 종말을 알려주었다.

온몸이 땀에 젖은 장 뻬루는 감히 몸을 움직일 생각조차 하지 못하고 있었다—결국은 몸을 맡겨버린 이 시체위에 달라붙는 귀뚜라미보다도 더 추한 몰골이나 다름없었다.

그녀는 마치 잠든 여자 순교자 같았다.

이마에 엉켜 붙은 머리카락 때문에 마치 임종 때와도 같이 고통스러운 동안(童顔)이 한층 더 핼쑥해 보였다. 두 손은 그 청순한 목을 받치고 깍지 낀 채 약간 색이 바랜 숄과 성패(聖牌)를 움켜쥐고 있었다. 그녀의 발에다 키스를 하고, 그 부드러운 육체를 안아 그녀의 잠을 깨우지 않고 그대로 바다 한복판으로 옮겨다가 그 청순한 거품에게 인도했어야만 했던 것인데…….

6

자유롭게 유람할 수 있는 티켓을 가지고 떠났기 때문에 신혼부부는 3주일 동안은 집을 비울 수도 있었다. 그러나 그들은 결혼식이 끝난 지 열흘째 되는 날 맥없이 삐루 집안으로 돌아오고 말았다.

온 마을이 수군대었으며, 까즈나브 모자는 목요일을 채 기다리지 못하고는 부리나케 달려와 노에미의 안색을 살폈다.

그러나 새색시는 전혀 마음속의 감정을 나타내지 않았다. 거기다가 다르띠엘 부부와 신부가 마을사람들의 쑥덕공론을 제지시켰다. 그들의 말에 의하면, 신랑신부는 시끄러운 호텔이나 정거장보다는 차라리 조용한 가정이 더 좋아서 일찍 돌아온 것이라는 설명이었다.

어른스럽게 차려 입은 노에미는 미사가 끝나자 생글생글 미소를 띠며 사람들과 악수를 나누었다. 그녀가 웃고 있는 것은 결국 행복하다는 뜻이 아니겠는가.

그러나, 노에미가 하루도 빠짐없이 미사에 참예하는 것을 보자 사람들은 이상한 생각을 아니할 수가 없었다. 여자들은 성체배령(星體排領)을 끝내고도 그녀의 손이 그 야위고 애처로운 얼굴에서 떨어질 줄을 모르는 사실에 주목했던 것이다. 사람들은 또 노에미의 그런 초췌한 얼굴을 보고는 그녀가 임신을 한 것이라고 추측하기도 했다.

페리씨떼 백모도 어느 날 나타나더니, 새댁의 허리를 슬쩍 훑어보면서 허리가 굵어졌는가를 확인하려고까지 했다. 그러나 까데뜨—세탁 일을 맡아 보는 노파—와 귓속말을 하고 나서 그녀는 확신을 얻게 되었다.

그 후로 그녀는 두 번 다시 얼굴을 나타내지 않았다. 그녀의 말에 의하면, 이 집에 얼굴을 나타낸다는 것은 신부의 흉계로 꾸며진 이런 망측한 결혼을 시인하는 것이 되므로, 시인하는 것처럼 보이고 싶지 않은 자기로서는 멀찌감치 물러나 있는 편이 현명한 처사라고 생각한다는 것이었다. 그래서 언젠가는 반드시 일어날 비극이 터지는 날까지 이 집안에 드나드는 일을 삼가겠다는 속셈이었다.

한편 제롬은 새 며느리가 마치 쌩뱅쌍드뽈의 수녀처럼 열심히 자신을 간호해 주는 데 놀라지 않을 수 없었다.

그녀는 여러 가지 약을 정해진 시간에 맞춰서 가져왔으며, 엄격한 식이요법에 따라 식사를 하라고 당부하곤 했다. 그러면서도 상냥한 가운데 위엄을 보이면서 오후의 낮잠시간에는 온 집안사람들에게 조용할 것을 명령하는 것이었다.

장 뻬루는 그 시간이면 전과 다름없이 아버지의 집을 빠져

나가 외진 골목길에서 담을 끼고 걸어 다녔다. 그러다가 그는 어느 조밭기슭에 서 있는 한 그루의 소나무 그늘에 숨어서 까치들을 엿보곤 했다. 그는 시간이 흐르는 것이 멈춰서 밤이 영원히 오지 않기를 바랬다. 하지만 벌써 땅거미가 지고 있었다. 가을바람에 흔들리는 소나무들은 대서양에서 미미장과 비스까로스의 모래땅으로 불어오는 탄식의 입김에 은밀히 젖어들고 있었다. 고사리 숲 속에서는 10월이면 랑드 지방 사람들의 산비둘기들을 사냥하는 히드오두막이 세워진다. 소작지들 주위에 깃든 황혼 속에 호밀빵의 냄새가 향그럽게 베어 있었다.

장 뻬루는 석양빛을 받으며 마지막 종달새를 보았다. 마을이 가까워질수록 그의 발걸음은 점점 더 느려진다. 조금만 시간을 더 끌자! 노에미가 집안에 있는 남편을 느끼면서 괴로워하기 전에 조금만 더 있다 들어가자!

그는 살그머니 현관을 지나간다. 노에미는 그가 돌아오기를 기다리고 있었다. 등잔불을 밝게 켜고 미소를 머금으면서 마중 나온다. 그리고는 이마를 그에게로 내밀고 사냥망태를 받아서 쳐다본다. 요컨대 사랑하는 남편이 집에 돌아옴으로써 행복해 하는 아내다운 태도를 보여 주는 것이다. 그러나 역할을 그녀는 단 몇 분 정도밖에는 계속할 수가 없었으며, 단 한순간이나마 자신의 감정을 속일 수 있다고는 믿지 않는다.

식사시간에는 제롬이 그들의 침묵으로부터 해방시켜 준다. 이 젊은 간호부가 그의 시중을 거들어 주면서부터 그는 늘 자신의 감격을 겉으로 표시하는 버릇이 생겨 버린 것이다.

소작인들을 응대하는 일은 아예 떠맡고 있었기 때문에 그녀는 시아버지에게 농작지에 대한 이야기를 들려주지 않으면 안 되었다.

제롬은 집안에서 오직 한 사람 이 어린 며느리만이 관리인의 계산서를 확인하고, 탄광의 버팀 기둥들을 감독할 수 있는 인간이라는 점에 감탄하고 있었다. 그는 아들이 결혼한 후에 2킬로그램이나 체중이 늘게 된 공로도 이 며느리에게로 돌리고 있는 터였다.

식사가 끝나고서 제롬이 장작받침대 위에 발을 올려놓은 채 졸기시작하면 이들 부부는 어쩔 수 없이 둘이서만 얼굴을 마주 대할 수밖에 없었다.

그렇게 되면 장 뻬루는 등잔불에서 멀리 앉아 숨도 크게 못 쉬면서 어둠속에 파묻히고 만다. 그러나 어찌 됐건 그가 거기에 그렇게 앉아 있고, 10시가 되면 까데뜨가 촛불을 들고 들어오는 것을 막을 길은 없었다. 오, 침실로 올라가는 괴로운 발길이여! 비를 몰고 오는 가을이 지붕 위에서 속삭이고 있었다. 덧문 하나가 덜커덩거렸다. 짐마차 소리가 멀어져 가고 있었다.

노에미는 소름이 끼치는 침대를 향해 무릎을 꿇고 작은 소리로 기도를 외운다.

「오 하나님, 당신 앞에 무릎을 꿇은 저에게 당신을 알고, 당신을 사랑할 수 있는 마음을 허락해 주신 것을 감사하나이다…….」

장 삐루는 어둠 속에서도 그처럼 사랑하는 여인의 육체가 경련하는 것을 의식하고 가능한 한 멀리 떨어져 있곤 했다. 이따금 노에미는 어두워서 더 이상 아무것도 보이지 않게 되어서야 싫은 느낌이 자연히 덜 들게 되는 그 얼굴 쪽으로 손을 내민다. 그리고 그 손에 흐르는 뜨거운 눈물을 느낀다.

그러면 로마의 원형 경기장에서 기독교도의 처녀가 야수에게로 단숨에 몸을 내맡기듯 그녀는 후회와 연민의 가슴이 뭉클해져서, 눈을 감고 입술을 꼬옥 깨물며 이 불행한 사나이를 끌어안는 것이었다.

7

산비둘기 사냥은 장 뻬루에게는 노에미 곁에서 멀리 떨어져 하루해를 보낼 수 있는 유일한 구실이 되었다. 그가 눈앞에 있다는 사실 하나만으로도 노에미가 죽도록 괴로워했기 때문이다.

장 뻬루는 노에미의 잠을 깨우지 않도록 살며시 일어난다. 그녀가 눈을 떴을 때 남편인 장 뻬루는 이미 멀찌감치 가 있었다. 이륜마차가 그를 태우고 진흙길을 달리고 있는 것이다.

어느 소작지에 말을 맨 다음, 그는 오두막 주위에 몸을 숨기고는 혹시 산비둘기 떼가 보이지 않나 해서 휘파람을 불어본다. 그러면 까데뜨의 손자가 좀 더 가까이 와도 된다고 소리를 지른다. 이렇게 해서 마침내 잠복사냥이 시작되는 것이다. 양떼의 방울소리며 목동들이 부르는 소리, 까마귀 떼의 울음소리에 잠긴 안개와 몽상의 긴 시간—.

4시가 되면 그는 어김없이 사냥터를 떠나야만 한다. 하지만 집에는 될 수 있는 대로 늦게 돌아오려고 교회 안으로 조용히 들어간다. 그는 그곳에서는 단 한 마디의 기도도 올리지 않는다. 누군가의 앞에서 피를 흘리듯이 괴로운 것이다. 종종 그는 눈물을 흘린다. 머리가 자꾸만 무릎 위로 떨어지는 것 같은 느낌이 드는 것이었다.

집으로 돌아오면 장 뻬루는 아직도 도토리가 목에 볼록하게 묻혀 있는 잿빛 비둘기들을 부엌의 식탁 위에 던진다. 그의 구두가 불 앞에서 연기를 피우고 있다. 그는 손에 암캐의 따뜻한 혀를 느낀다. 까데뜨는 빵을 수프에 적시고 있다. 장 뻬루는 까데뜨의 뒤로 해서 식당으로 들어간다. 노에미가 그에게 한 마디 던진다.

「벌써 돌아오신 줄 몰랐는데요…….」

그러고는 또,

「손 씻지 않으시겠어요?」

그 다음 그는 아직 덧문이 닫혀져 있지 않은 그의 방으로 간다. 마당의 등불이 비에 젖은 수레바퀴를 비추어 주고 있다…….

장 뻬루는 손을 씻지만 손톱 끝까지 깨끗하게 씻지는 않는다. 그래서 그는 그 손이 노에미의 눈에 띄지 않도록 식탁 밑으로 감춘다. 그리고는 슬쩍 노에미의 얼굴을 살핀다. 노에미의 귀는 어쩌면 저렇게도 하얄까! 노에미는 식욕이 없다. 그는 서투르게나마 그녀에게 구운 고기를 더 먹으라고 권한다.

「글쎄, 배가 안 고프다니깐요!」

하지만 이 같은 순간적인 신경질은 그녀의 부드러운 미소나, 이따금씩 키스하는 듯 뾰죽이 내민 그 입이 중화시켜 준다.

노에미는 마치 하늘을 믿는 빈사의 여인이 죽음을 바라보듯 그윽이 남편을 바라본다. 그녀는 마치 죽어가는 사람을 속이는 것처럼 입가에 미소를 머금는다. 이 눈에 아픔을 주고, 이 귀와 이 입술, 이 뺨에서 빛을 잃게 하는 것은 장 뻬루 바로 저 남자이다. 오직 거기에 있다는 사실 하나만으로도 그는 이 젊은 생명을 말리고 있는 것이다.

이렇게 해서 수척해가는 그녀의 모습이 그에게는 더욱 사랑스럽게만 느껴졌다. 일찍이 그 어느 희생자가 그 희생을 안겨준 자로부터 이토록 지극한 사랑을 받은 일이 있었던가!

오직 제롬 한 사람만은 명랑해졌다. 이 유순한 사람에게는 자신의 고통 이외에는 어떤 고통도 눈에 들어오지 않는다.

사람들은 그의 병세가 대단히 좋아졌다고 기뻐하는 이야기를 듣고 모두들 기쁨을 감추지 못했다. 천식도 가라앉았다. 그는 수면제를 전혀 먹지 않고도 새벽까지 잘 수 있었다. 그의 말에 의하면, 뻬유숑 의사에게 출입을 금지시킨 것이 그에게 행복을 가져왔다는 것이었다. 의사의 아들이 각혈을 하게 되어, 지금 아버지에게로 와서 요양 중에 있기 때문에 제롬은 전염을 걱정하여 옛 친구인 뻬유숑 의사와의 왕래를 끊기로 작정했던 것이다.

제롬은 자기에게는 며느리만 있으면 충분하며, 며느리 쪽이 의사들보다도 경험이 더 많다고 장담했다.

사실상 노에미는 어떤 궂은일도 마다하지 않았다. 심지어는

용변의 처리조차도 싫어하는 기색을 보이지 않았다. 그녀는 아무리 무미건조한 식단이라도 맛있게 해낼 줄을 알았으며, 금지된 양념대신에 레몬이나 오렌지 주스를, 혹은 오래된 브렌디 한 방울을 떨어뜨림으로써 제롬이 15년째 잃어버렸다던 식욕을 돋우게 할 줄도 알았다.

노에미는 또, 처음에는 수줍은 듯이 읽기 시작하더니 차츰 큰 소리로 책을 읽어 시아버지의 소화를 도와주기도 했다. 그녀는 지칠 줄 모르고 계속 책을 읽으면서 제롬이 그 고르고도 가벼운 숨소리로 졸기 시작하는 것도 못 느끼는 척 하는 것이었다.

1시가 울려왔다—신방의 어둠 속에서 혐오감으로 몸을 떨며, 바로 옆에 누워서 아내에 대한 연민으로 자는 척할 그 끔찍한 몸뚱이의 움직임을 엿보게 될 시간이 노에미에게는 한 시간 덜어진 것이다.

어쩌다가 다리만 잠깐 닿아도 노에미는 잠이 깨곤 했다. 그러면 그녀는 벽과 침대에 전신을 바짝 갖다 대는 것이다. 그런가 하면 또, 그녀는 때로 몸이 조금만 스쳐도 몸서리를 쳤다. 그러나 곁에 누워 있던 남편은 그녀가 자는 줄만 알고 그녀의 몸을 몰래 애무해 본다. 그러면 이번에는 노에미 쪽에서 자는 척해 버린다. 장 뻬루의 행동이 한 걸음 더 대담하게 나올까 봐 두렵기 때문이었다.

8

그들 두 사람 사이에는 사랑하는 사람들의 사이를 갈라놓을 만한 말다툼 같은 것을 한 번도 한 적이 없었다. 그들은 상대방을 공격하기에는 피차에 너무나 깊은 상처를 안고 있음을 서로가 모두 자각하고 있었다. 가시 돋친 말이라면 서로가 스스로 회복할 수 없게 될 것이기 때문이다.

두 사람은 서로가 상대방의 아픈 곳을 다치게 하지 않으려고 세심한 주의를 기울였다. 그들의 행동거지는 되도록 상대방을 괴롭히지 않으려는 배려가 계산되어 있었던 것이다. 가령 옷을 벗을 때에는 장 뻬루가 다른 곳을 보고 있었으며, 그녀가 목욕을 할 때에도 절대로 화장실에는 들어가지 않았다. 그는 몸을 깨끗이 하는 습관을 길들였으며, 뤄뱅 수를 가져오게 하여 떨면서 목욕을 했다.

장 뻬루는 혼자만이 죄인이라고 생각했으며, 그 반면 노에미 쪽에서도 하나님이 택해 준 아내가 되지 못하는 자신을 미워했다. 따라서 두 사람은 무언으로나마 상대방을 탓하는 일은 절대로 없었다. 그들은 서로가 상대방에게 눈으로 용서를 비는 것이었다.

그들은 기도문을 함께 외우기로 했다. 비록 육체적으로는 적이었지만, 저녁기도에서만은 그 두 사람도 결합할 수 있었다. 적어도 그들의 목소리만은 한데 섞였으며, 나란히 혹은 떨어져 기도를 외우면서 무한의 세계에서 두 사람이 서로 만나는 것이었다.

어느 날 아침, 서로 한 마디의 약속도 나누지 않았는데 두 사람은 우연히 어느 노인 환자의 머리맡에서 얼굴을 마주치게 되었다. 그들은 이 새로운 관계에 열심히 매달려, 그 뒤로는 서로가 상대방에게 그 공로를 돌리면서 매주 한 번씩은 꼭 환자들을 순방하게 되었다. 이때 외에는 노에미는 장 뻬루를 피했다. 아니, 노에미의 육체가 장 뻬루의 육체를 피했다는 쪽이 옳을 것이다.—그리고, 장 뻬루 쪽에서도 노에미의 혐오감을 애써 피했다. 노에미는 그 육체의 반발에 저항하려고 애썼지만 그때마다 허사였다.

11월의 어느 음산한 날, 평소에 외출하기를 싫어하던 노에미도 그날은 애써 장 뻬루를 따라 광야로 황량한 늪지 끝까지 가보았다. 늪지는 폭풍우가 일기 전날이면 대서양이 모래땅으로 밀려오는 둔탁한 파도소리가 들릴 만큼 적막했다. 푸른 눈의 용담(龍膽)조차도 그 주변에서는 꽃을 피우지 못했다.

노에미는 도망치듯 앞서 걸었다. 그리고 장 뻬루는 멀리서 그녀를 뒤좇았다. 그러다가 장 뻬루는 먼 선조가 되며, 이 광야에서 목장 사용권을 가지고 있던 베아른(프랑스의 남북지방 이름)의 목동들이 수 세기 전 옛날에 이 고장에 양떼를 위해서 파 놓았다는 진흙투성이의 우물가에서 부부가 다시 만난 것이다. 장 뻬루는 옛날에 쁠라그르라는 이 광야의 이상한 병에 걸렸던 이상한 목동들을 생각해 보았다. 그 환자들은 우물 밑바닥이나 또는 간석지의 개흙 속을 들여다보면 영락없이 그 속에서 발견되었다는 것이다. 아! 장 뻬루역시 그를 동화시켜버린 이 탐욕한 대지를 끌어안고 키스를 하면서 질식하고 싶었을 것이다.

9

신부가 노에미를 찾는 경우는 종종 노에미가 독서를 열심히 하고 있을 때였으므로, 노에미는 그때마다 독서를 중단했어야만 했다.

신부는 노에미를 '아가'라고 부르면서 수돗물을 한 잔 받아 마셨다. 그런데 이제는 신부가 전처럼 제롬과 신학에 대해서나 성직자들의 일화에 대해서도 이야기 할 수가 없게 되었다. 이 심판자의 앞에서는 각자의 가면을 쓰고 있었다. 눈으로도 말할 수가 없었고, 마음은 서로가 자기 속을 들여다보는 것처럼 느껴졌다.

신부도 이제는 잡담을 하려 들지 않았다. 그가 하는 말은 모두 겉으로는 드러나지 않았지만 어떤 목적을 향해서 하는 말과도 같았다. 그는 굵지만 짧은 다리를 벽난로 쪽으로 뻗고는 말없이 앉아 있는 젊은 부부를 쏘아보고 있었는데, 그의 눈길이 매우 무서워 보였다. 이제는 자신감과 함께 그토록 단호하던 태도를 모두 잃어버린 신부는 그 전에 그토록 자주 말하던 어떤 합리주의자와의 논쟁 이야기도 하지 않았다. 전에는 그 얘기만 나오면 오만한 태도로 「내가 당당하게 대답했지」라고 했었다.

제롬은 민법상 장례식에도 종을 울리고, 교회 재산인 영구차까지도 징집된다고 시장(市長)이 선언했을 때나 걱정하던 신부가 지금 저렇게 걱정하는 것이 이상하게 여겨졌다. 신부는 장 뻬루가 열심히 시작한 지방사(地方史)를 1년 전부터 손을 떼고 있는데, 그것을 다시 연구하기를 바라고 있었다. 장 뻬루는 그 문제에 대해선 중요한 문헌들이 없다고 변명했다.

그러나 장 뻬루는 끈기가 없었으므로, 무슨 일이건 끝까지 마친 것이 없었다. 그의 책에는 몇 페이지는 읽은 흔적이 있었지만, 마지막 페이지는 깨끗하였다. 그는 그저 막연히 걸으면서 생각의 날개를 마음대로 펼치고 싶은 욕심으로 책상 앞에 붙어 있을 수가 없었다.

어느 날 밤이었다. 제롬이 방으로 돌아가자 신부는 다시 그 문제에 매달렸다. 그러나 장 뻬루는 국립도서관에 가서 전문서적을 뒤적이지 않고는 더 이상 연구할 수 없다고 했다. 그렇다고 빠리까지 먼 여행을 할 수는 없지 않느냐고도 덧붙였다.

「왜 못 가는 거요?」

신부가 물었다. 목소리는 낮았으며, 허리띠의 장식을 만지고 있었으나 눈은 불가를 계속 주시하고 있었다.

「저를 두고 장 혼자서 떠나는 건 싫어요.」

가냘픈 목소리가 속삭이듯이 말했다. 신부는 고집을 꺾지 않았다. 어떤 재능이라도 그 재능이 빛을 내지 못하게 하는 것도 죄악임에 틀림없다. 연구회를 지도하거나, 아니면 책 한 권이라도 저술하지 않으면서 아무런 유익도 없는 노동자의 생활로 삶을 이어가는 것도 죄악 중에 큰 죄악이었다. 이것은 신부의 논리였다.

슬픈 목소리의 주인공이 안간힘을 쓰듯 말했다.

「장이 꼭 가야만 한다면 저도 같이 가겠어요.」

그 말에 신부는 고개를 흔들었다. 노에미는 환자의 곁을 떠날 수 없게 되었으며, 또 장 뻬루가 간다고 할지라도 그것은 잠시니까 기껏해야 몇 주나 몇 달 정도밖에 안 되므로 같이 갈 수 없다는 것이었다. 노에미는 더 이상 반박할 명분이 없었다. 신부가 외투를 입고 나막신을 신고 집을 나설 때까지 어느 누구도 말 한마디 하지 않았다.

장 뻬루는 짧은 외투를 걸치고서 랜턴에 불을 켜고 손님 앞으로 걸어갔다.

12월은 비가 자주 내리고 날이 빨리 저물기 때문에 서로 헤어지지 않을 수 없었다. 장 뻬루가 오리새 사냥을 갈 때에도 오후 4시면 황혼이라서 쫓기듯 집으로 돌아와야만 했다. 서로 미워하는 두 육체가 하나뿐인 벽난로와 등잔불 주위에 모였다. 밖에는 비가 주룩주룩 내리고 있었다.

제롬은 해마다 겨울만 되면 왼쪽 어깨가 쑤셔서 상을 찡그리며 투덜거렸다. 그렇지만 노에미의 건강은 장 뻬루의 건강에 아랑곳없이 나날이 좋아졌다. 그녀는 여행하려는 장 뻬루의 마음을 돌리려고 애를 썼다. 그녀는 장 삐루가 자기 곁에 있기만 한다면 무슨 짓이라도 하겠다고 하나님께 맹세했다. 그러나 그녀의 그런 애원과 간절한 태도는 오히려 역효과를 나타내어서, 이 불행한 남자는 여행을 떠나는 쪽으로 결단을 내리고 있었다. 그는 겁먹은 눈으로 아내를 보면서 말했다.

「노에미, 난 가야 해.」

그의 말을 들은 노에미는 즉시 반대했다. 그러나 장 삐루의 태도가 막상 전보다 누그러지자 노에미는 더 이상 반대할 수가 없었다.

제롬은 아들이 없는 것이 몹시 언짢으면서도 내심으로는 며느리와 단 둘이 살게 되는 것이 그리 싫지는 않은 모양이었다. 그래서 신부는 장 삐루를 만날 때마다 그의 출발을 재촉하게 되었다. 장 삐루는 신부와 자기 아버지의 공모에 속수무책이었다. 게다가 자기 자신도 이 추방을 인정하여 받아들이고 있었던 것이다.

장 삐루는 루르드(프랑스 남부에 있는 순례지) 순례 때와 아르까숑으로 신혼여행을 할 때를 제외하고는 한 번도 고향을 떠난 일이 없었다.

그런데 그런 그가 혼자서 번화하고 혼잡한 파리를 외로이 가야만 했다. 그것은 그에게서 넓은 바다 속으로 뛰어 들어가야 하는 것과 같았다. 그렇지만 그로서는 어쩔 수 없는 것이 아닌가. 너무나 많은 사람들이 자기를 바다 속으로 밀어 넣고 있지 않은가.

마침내 출발날짜가 2월 둘째 주로 결정되었다. 그러나 노에미는 그 이전에 트렁크와 여행준비를 하고 있었다. 그래서 장 삐루가 떠나기도 전에 잃어 버렸던 식욕을 어느 정도 되찾았다. 그녀의 뺨에는 혈색까지 보기 좋게 감돌았다.

어느 날 오후, 그날은 눈이 왔다. 그녀는 눈으로 공을 만들어 까데뜨의 손자를 향해 던졌다. 장 삐루는 2층에서 유리창을 통해 그들이 노는 모습을 보고 있었다. 그녀가 다시 기분을 되찾고 있는 모습이 그의 눈에 선명하게 들어왔다. 들판에서 겨울이 물러가듯이 이 여자도 그에게서 풀려나고 있었다. 즉, 그는 그녀가 다시 소생하기 위해 그에게서 도망가고 있다는 것을 알았다.

장 삐루는 열차의 더러운 유리창을 내리고는 노에미가 손수건을 흔드는 것을 오랫동안 바라보고 있었다. 이것은 이별과 환희의 표시였다. 손수건은 힘차게 펄럭이고 있었다. 마지막 한 주일 동안 노에미는 거짓된 애정으로 장 삐루를 취하게 했다. 그 거짓된 애정이 열렬하게 그의 마음을 취하게 했을 때, 그녀가 그의 숨결 속에서 살아 있는 것처럼 느껴져서 그는 이런 말을 했었다.

「노에미, 내가 떠나지 않는 것이 좋겠소?」

그 말을 들은 그녀는 어둠 속에서 대답을 하지 않고 비명과 같은 소리만 내었다. 그래서 그는 두렵고 떨린 나머지 이렇게 한 마디 덧붙였다.

「안심해요, 난 떠나가요.」

그 말은 실은 그가 그녀에게 속고 있지 않다는 뜻이었다. 그 말을 들은 그녀는 벽 쪽으로 돌아눕더니 우는 소리를 내었다.

장 뻬루는 달리는 기차 창으로 정들었던 소나무들이 스쳐 지나가는 것을 바라보고 있었다. 언젠가 오리를 사냥하러 갔다가 놓친 일이 있었던 숲을 지나갔다. 그 철로는 그에게 낯이 익었다. 그가 자주 다니던 길로 쭉 뻗어 있었기 때문이다.

텅 빈 들판에서 가축우리와 우물을 끌어안고 연기와 안개 속에 누워 있는 소작인의 모습이 그의 눈에 들어왔다. 그는 큰 소리로 그 소작인의 이름을 불렀다. 그는 이 땅의 주인이었다. 열차는 계속 달려서, 그가 한 번도 가 본 일이 없는 광야를 뚫고 그를 싣고서 달렸다.

랑콩에서 마지막 소나무를 향해 작별인사를 했다. 그 소나무는 그를 머리까지 배웅하며 축복해 주는 친구처럼 보였다.

10

장 뻬루는 볼 떼르 거리에서 가장 먼저 보이는 호텔에 여장을 풀었다. 아침이면 센강을 내려다보았다. 비가 센강 위에 내리고 있었다. 그는 아직 그 강을 건너갈 엄두도 내지 못했다. 결국 정오가 되어 오르레앙 역의 카페에서, 행복한 여행자들을 태운 서남부 행 열차의 칙칙 거리는 소리를 들으면서 시간을 보내었다.

그러나 그에게는 오랫동안 눌러 있을 용기조차 없었으므로 식사를 하는 둥 마는 둥 한 다음, 백포도주 한 병을 마시고는 리꿰르를 두 잔이나 계속 마셨다. 그러자 그는 정신이 몽롱해지고 얼굴에는 경련이 일어나, 혼자 무슨 말인지 모를 소리를 지껄여 옆에 앉아 있던 손님들과 웨이터들을 웃겼다. 그래서 그는 문의 둥근 기둥 사이에 웅크리고 앉아 손님들에게 눈에 띄지 않으려고 했다.

그는 신문 광고란까지 빼놓지 않고 읽었다. 살인사건, 자살, 강도 등등의 기사는 모두 사회악을 즐기는 장 뻬루에게는 흥미 있는 읽을거리였다.

저녁식사가 끝나면 그는 입장권을 사가지고 플랫폼으로 들어간다. 거기서 이룅행 열차를 찾아서 그 안으로 들어가 좌석에 앉는다. 그 열차의 창은 매우 넓었다. 그 넓은 열차 창으로는 다음 날 아침이면 광야의 모습을 볼 수 있을 것이다. 그 열차가 뻬루 집안이 사는 곳에서 80킬로미터 떨어진 지점까지 지나가는 것으로 알고 있었다. 그는 차창에 손을 댔다가 차가 흔들리기 시작하면 내려와서 다시 카페로 돌아왔다. 차가 가는 모습을 볼 때마다 자신의 영혼이 절반쯤 사라지는 것처럼 느껴졌다.

카페에는 오케스트라의 시간이 되어서 좋은 음악이 들렸다. 그는 음악을 들으며 가슴 속에 잠겨 있는 비통한 감정을 달래는 것이었다. 음악을 듣고 있으면 노에미의 환상이 떠올랐다. 장 뻬루는 아직까지도 아내 노에미의 모습을 한 번도 자세히 본 일이 없었다. 문득 노에미의 육체가 머릿속에 그려진다.

그 9월 밤에, 방에 들어오는 달빛을 받으면서 그는 애인의 육체를 마음속으로 탐하고 있었다. 그는 시체와 같던 육체는 밖에는 가슴으로 안아 본 일이 없었으나, 눈으로 육체의 구석구석을 훑은 적은 있었던 것이었다. 그는 자기를 사랑하지 않는 여자를 다른 여자보다도 더 잘 알고 있었다.

바로 그 순간에 노에미는 넓은 추운 방에서 잠들어 있었다. 지겨운 남자로부터 해방된 그런 기분으로 독수공방을 즐기고 있었던 것이다.

장 뻬루는 멀리 떨어져 있는, 사랑하는 애인의 기쁨을 느끼는 듯 했다. 그 기쁨은 자기가 옆에 존재하지 않으므로 해서 얻는 기쁨이었다.

그는 그런 생각을 하자 화가 나서 얼굴을 두 손으로 감쌌다. 고향으로 돌아가서 그 여자를 어떻게 해 보아야겠다, 마음껏 데리고 놀자, 그녀가 죽을지라도 마음대로 부려 보리라!

그러자 그의 마음속에 그 보드라운 목을 아래로 숙인 아내의 모습이 떠올랐다. 그는 또 그녀가 죽기만큼 싫어하면서도 소리 한번 지르지 않고 몸을 허락하던 일이 생각났다.

장 뻬루는 음식 값을 치르고 나서 호텔로 돌아왔는데, 방에 들어서면서도 거울에 자신의 모습이 비치는 것이 싫어서 거울을 피해 옷을 벗었다.

사흘에 한 번씩, 호텔 직원이 초콜릿과 함께 그에게 편지 하나를 전해 주었다. 그러나 어떤 날에는 밤이 되도록 그 편지를 뜯어보지 않았다. 그 편지는 그가 돌아오기를 바란다는 노에미의 거짓된 소망의 편지였다. 이런 편지가 그에게 무슨 소용이 있겠는가. 편지를 통해 그가 얻을 수 있는 기쁨은 노에미의 체취가 그 편지 속에 있다는 것과, 글자 하나하나에 노에미가 손톱으로 줄을 그었다는 생각이었다.

3월 말 경에 도착한 노에미의 편지에는 어느 정도 진실성이 있는 듯했다. 편지의 내용은 이러한 것이었다.

'……당신은 내가 당신을 보고 싶다는 말을 믿지 않을 거예요…… 그러나 오해하지 마세요. 저는 정말로 당신이 보고 싶어요…….'

그녀는 「나는 당신이 싫어질 때가 있어요.」하는 말도 썼다. 그러자 장 뻬루는 그 편지는 구겨버리고, 함께 보낸 아버지의 편지를 다시 읽었다.

'……네가 다음에 노에미를 만날 때는 노에미가 변한 것을 보고 놀랄 것이다. 그애는 살도 쪄서 보기도 좋단다. 특히 그애는 나를 항상 잘 모시고 시중을 들어 주어서 나는 감사한 마음으로 산다. 까즈나브네 식구들은 이제 얼씬도 안하지만, 그들도 너의 내외가 사이좋지 않은 줄로 짐작하고 있다. 그러나 그 사람들이 어떻게 생각하든 우리와 무슨 상관이 있느냐. 나는 이제 건강도 회복했다.

뻬유송의 아들 같은 것하고는 비교도 안 될 정도이다. 그 녀석은 마차를 타지 않으면 외출도 못할 정도이니까. B…의 의사는 물로 희석시킨 요드친크로 그 녀석을 고쳐 보겠다고 말하더라만, 그 밖의 모든 사람들은 그의 병이 이제는 틀린 것으로 믿고 있다. 젊은이들이 늙은이들보다 먼저 가는 거지…….'

따뜻한 봄이 오자 장 뻬루는 용기를 내어 센강의 다리를 건

넜다. 황혼의 황금빛이 물들어 있는 센강을 바라보았다. 그리고는 난간을 마치 살아 있는 생물을 만지듯 어루만져 보았다.

바로 그때 뒤에서 그를 부르는 소리가 들렸다. 그 소리는 그를 「여보」라고 부르는 여자의 목소리였다. 「이리로 와요」하는 소리도 들려왔다. 그가 뒤로 돌아보자, 볼에 분을 바르고 입술에 연지를 발랐지만 핏기라곤 하나 없는 젊은 여인의 얼굴이 서 있었다. 손톱이 보이지 않을 정도로 퉁퉁하게 부은 손이 그의 손을 잡으려고 더듬거렸다.

장 삐루는 그 손을 피해 달아났다. 한참 뛰어가다가 루브르 박물관 창구 앞에 이르러서 숨을 헐떡이며 멈춰 섰다. 전에는 그런 여자들에게라도 「여보」라고 불리기를 바라고 있었던 것이다. 노에미 외에 다른 여자들에게서도 그런 소리를 듣고 싶었던 것이다.

그는 그 소리를 듣는 순간 난생 처음으로 마음속에서 행복과 비슷한 감정, 싫지는 않은 감정을 느꼈다. 하지만 아무리 작은 행복일지라도 그로서는 그런 것은 생각조차 할 수 없었다. 그는 이런 불가능을 느끼자 이상하게도 분노의 감정이 치밀어 오름을 느꼈다. 왜 이 방에 그토록 순종하는 여자에게 관대하게 대하지 못했을까? 애무를 해주는 저 여자는 나 장 삐루 외의 남자들을 위해서 존재하지는 않았을 것이다.

그는 그날 밤 8시 경, 뛸르리 공원의 분수에 비친 하늘이 흔들리고 있는 것을 느꼈다. 아이들이 그를 이상하게 보고 그 주위로 몰려들었다. 그는 등을 구부리고 그 자리를 떠났다. 광장을 돌아서 로아리알 거리로 되돌아왔다. 저녁시간이 되어서 어느 유명한 카바레로 들어갔다. 그가 그곳에 들어가기에는 많은 용기가 필요했다.

깃털로 장식을 한 경박한 여자들이 등을 기대고 앉아있었다. 그는 마치 마호가니의 사료통에 메달리듯 바 쪽을 향해 쭈그리고 앉아 있었다. 그러한 그의 모습도 이곳에서는 여자들을 놀라게 하지 않는 다는 것을 알고 기분이 매우 좋았다.

반짝반짝 빛나는 현악기가 많은 미국 야민인들과 촌사람들, 그리고 지방 공증인들을 매료시키고 있기 때문에 장 뻬루 정도는 웃음거리가 되지 못했다.

부브레이 술로 그는 광대뼈까지 벌겋게 되었다. 그는 마호가니 그릇 쪽으로 이끌리고 있는 자기 자신이 즐거웠다.

살이 피둥피둥하게 찔 육체파의 금발 여인이 슬며시 그에게 다가와서 담뱃불을 빌려 달라고 하더니, 그의 술잔을 비웠다. 그리고는 속삭이는 목소리로 5루이만 주면 즐겁게 해 주겠다고 빠르게 말하고는 제자리로 돌아갔다.

옆에 앉아 있던 어느 노신사가 술집 문이 닫을 때 여자를 사면 좀 더 싸게 살 수 있을 거라고 말해 주었다. 그러나 장 뻬루는 계산을 치르고는 거리로 나와 그 여인을 만났다.

그녀는 지나가는 택시를 세웠다. 그리고는 마드레느 거리의 뒷골목에서 내렸다. 현관도 없는 싸구려 호텔 계단이 보도와 같은 높이로 붙어 있었다.

대리석 위에 떨어진 여자의 머리핀 소리에 장 뻬루는 깊은 잠에서 깨어났다. 그때 어깨에 붙어 있는 살이 오른 여자의 팔을 보았다. 장밋빛의 리본이 장식품으로 그 여자에게 붙어 있었다. 그 여자는 인조견 양말을 벗으면서 장 뻬루더러 '귀여운 사람'이라고 불렀다. 이렇게 급히 자기 몸을 바치는 그녀의 태도와 순종에서 그는 노에미가 「싫어요」할 때보다 더 심한 고통을 느꼈다.

장 뻬루가 지폐 한 장을 책상 위에 던지자 매춘부는 어이없다는 눈초리로 그를 멍하니 바라보았다. 그녀가 채 어떤 동작을 취하기도 전에 그는 호텔 밖으로 나와 버렸다.

그는 가로수 길의 혼잡 속으로 끼어든 다음에야 비로소 커다란 위험에서 벗어났을 때의 기쁨과 똑같은 안도감을 느꼈다. 벤치가 하나 비어 있었다. 그는 숨이 차고, 간혹 기침을 약간 하면서 그곳에 앉아 있었다.

그는 아아크 등불에 가려진 초승달을 보면서 그 달이 피레네산맥과 대서양 사이의 어두운 산봉우리 위로도 비추고 있을 것이라고 생각했다. 그는 이제 고통을 느끼지 않았다. 그의 마음속이 깨끗해졌다. 비록 초라하지만 깨끗한 자기 자신에게 자부심을 느꼈다. 노에미도 언젠가는 나를 사랑하리라. 전에도 이미 그는 그들의 축복된 육체의 화합을 맛본 일이 있었던 것이다. 그들의 깨끗한 육체가 다시 서로를 찾게 될 것이다.

장 뻬루는 큰소리로 말했다.

「이 세상에는 위대한 스승이란 존재하지 않는다. 하나님이여, 우리 모두가 노예로 태어났지만, 이제는 자유로운 몸이 되었나이다.」

그때 순경 한 사람이 그에게 다가오더니, 힐끔 바라보고는 어깨를 추켜세우며 사라져 버렸다.

장 뻬루는 매일 같이 오후에 카페 드라뻬의 테라스에 가서 많은 슬픈 얼굴들을 바라보았다. 많은 이 얼굴들은 전에는 모두 어린애같이 순수한 얼굴이었으나, 지금은 한결같이 알코올, 성병, 또는 마취제로 추하고 더러운 얼굴이 되었다.

장 뻬루는 매춘부들을 또 찾아보았다. 바싹 마른 매춘부들의 얼굴을 보면서 숫자를 세어 보았다. 그는 외알박이 안경을 낀 어느 신사가 입을 벌리고서 여자를 낚고 있는 모습을 바라보는 것에서도 흥미를 느꼈다.

그는 또 지배자와 주인의 표정을 다같이 나타내고 있는 단 하나의 얼굴을 찾아보았다. 그 얼굴만 찾게 되면 그자의 뒤를 따라 갔을 것이다. 그러나 지레 겁을 먹어서 그의 눈은 떨리고 있었다. 남이 자기를 유심히 바라보고 있다는 것도 모르고 욕망으로 더러워진 수많은 얼굴들을 살펴보았다.

장 뻬루는 고향에서 시골집의 담을 끼고 서 있을 때처럼, 큰 테이블에 앉아서 인생의 종말에 대해 언급한 파스칼의 말을 혼자 중얼거렸다.

'인간은 항상 실패하는 것이다. 인간은 실패하게 만들어진 존재이다.'

그의 옆에 앉아 있던 젊은이들이 서로 팔꿈치로 쿡쿡 찌른다. 그때 그들 사이에 앉아 있던 한 여자가 장 뻬루에게 느닷없이 말을 걸어왔다. 그는 소스라치게 놀라 테이블 위에 찻값을 내던지고는 밖으로 도망치듯 나와 버렸다. 그때 등 뒤에서 「저런 미친 놈」하는 소리가 들렸다.

그는 혼잡한 거리의 한복판으로 들어가, 상점의 진열장을 보면서 <권력의 의지와 신성(神聖)>이라는 연구 과제를 생각했다.

상점의 유리창에서 자기 모습이 비쳤지만 그는 그 모습이 자신임을 깨닫지 못했다. 식생활이 좋지 못해 얼굴이 더욱 수척해졌기 때문이다. 파리의 탁한 공기로 목도 아팠다. 담배를 끊어야 건강을 회복할 수 있는데도 오히려 전보다 더 많이 피웠다. 그래서 기침이 나고 가래가 끓었다. 그리고 현기증이 자주 나서 가로등에 몸을 기대는 일이 자주 있었다. 그는 음식만 먹으면 위가 아파서 고통을 느꼈다. 그래서 먹지 않는 편이 낫다고 생각했다. 이런 상태가 오래 계속되다가는 결국 자기 몸이 시체로 변하지 않을까 겁이 났다. 그렇게 되면 노에미는 정말로 해방되겠지. 그는 영화를 보면서 늘 이런 공상을 했다. 그가 영화관에 가는 것은 영화보다는 배경의 음악이 더 좋아서였다.

그는 피로를 많이 느껴 공중목욕탕을 자주 다녔다. 옥양목이 커튼이 빛을 막고 있었고, 백조의 목에서는 물이 흐르고 있었다. 그곳에 있으면 자신의 육체가 살아 있는 것처럼 느껴지지가 않았다.

장 삐루가 이런 목욕탕이나 영화관을 찾아다니는 것은, 파리에 있으면서도 호텔과 그 카페 사이에 있는 마들레느 교회 이외의 다른 교회도 있다는 것을 알지 못했기 때문이다. 그러나 어느 날 다른 길로 지나가다가 우연히 성 로슈 교회를 알게 된 후로 그곳이 그에게 매일 매일의 피난소가 되고 말았다. 고향의 교회에서 느끼던 그 냄새를 낯선 마을에서나 이 넓은 도시에서도 똑같이 느낄 수 있었던 것이다. 그는 도서관에는 한 번도 가지 않았다.

어느 날 아침, 집으로 돌아오라는 신부의 편지를 받았다. 아마 그 편지만 아니었으면 장 삐루는 죽을 때까지 그런 식으로 살았을 것이다. 편지에는 아버지 제롬과 노에미에 관해서는 좋은 소식이 있었으나, 문맥인즉 다급한 느낌을 주었다.

장 삐루는 고민을 안고 급행열차에 올라탔다. 그 열차는 그가 종종 역에 가서 보았던 이륑행 급행열차였다. 그가 볼 때는 처음에는 천천히 달리다가 곧 빠른 속도로 달려가는 그런 열차였다.

11

그 편지는, 어떤 예기치 못한 일이 일어나서 신부가 보낸 편지라고는 생각하지 않았다. 신부가 편지를 쓰게 된 것은, 노에미가 매주 토요일에 하는 고해성사에서 어느 날 이상한 죄를 고백했기 때문이었던 것이다. 노에미는 자신이 이해할 수 없는 유혹이나 고민에 대해서는 항상 신부에게 도움을 청했던 것이다.

장 뻬루가 곁에 없게 되자 그녀는 처음에는 행복이 회복되는 것 같은 느낌이 들었었다. 혼자 있다는 것이 그녀에게는 즐거움이었다. 긴장에서 풀린 그녀는 자신을 즐길 수가 있었다. 노에미는 자기가 다른 사람이 된 느낌이 들었고, 다시 처녀 때와 같은 생활로 돌아가게 되자 그녀는 그때서야 자신의 육체가 이제는 처녀가 아님을 깨닫게 되었던 것이다.

노에미는 장 뻬루에 대한 혐오감으로 자기 자신 안에서 한 사람의 아내가 성숙하고 있다는 것을 깨닫지 못했다. 그러나 그녀는 이상하게도 자신의 내부에 대하여 이상한 만족감을 요구하고 있었다. 그 남자의 소유물이 되기 전의 평화를 더 이상은 경험할 수 없게 되었음을 깨닫고, 불안을 느끼면서 아직도 깊이 잠들고 있는 자신의 마음과 반쯤 눈뜬 육체 사이의 이 부조화(不調和)를 그녀는 분별할 수가 없었던 것이다.

그녀는 자신의 분열을 느껴 두려워하고 있었지만, 전에 겪었던 일을 어느 하나도 잊지 않으려고 하는 자신의 육체를 깨달았다.

이 새색시는 기도서 외에는 책이라곤 읽어 본 일이 없었다. 게다가 출신은 좋지만 가난했던 처녀시절의 생활로 사람들과 교제도 할 수 없었으므로, 어떤 이야기나 고백도 그녀의 마음속 깊이 도사리고 있는 그 비밀스러운 요구를 밝혀 줄 수가 없었던 것이다. 그때 운명의 장난으로 한 남성을 알게 된 것이었다.

광장의 물웅덩이에는 3월의 태양이 내려 비추고 있었다. 제롬이 낮잠을 잘 때는 집안이 쥐 죽은 듯이 조용했다. 노에미는 마을의 부녀자들과 같이 아래층 창 앞에서 바느질을 하고 있었다. 깁고 있던 헝겊이 재봉틀에서 미끄러져 내린다.

그때 마차바퀴 소리가 들려왔다. 그리고 영국식 이륜마차가 서는 것이 창문을 통해 보였다. 어떤 젊은 남자가 말고삐를 쥐고서 길을 물으려는 것처럼 주위를 두리번거리며 누구를 찾고 있었다. 그러나 그때 광장에는 아무도 없었다.

노에미가 호기심이 생겨 창의 덧문을 열고서 내다보자, 그 남자는 노에미를 발견하고는 모자를 벗고는, 삐유송 의사의 집이 어디냐고 물었다. 노에미가 그에게 길을 알려 주자 그는 고맙다는 인사를 하고는 말 엉덩이를 채찍으로 때리면서 사라졌다.

노에미는 다시 바느질을 계속했다. 하루 종일 바느질을 하여 머릿속은 무거운데, 마음은 조금 전의 그 남자에게로 가 있었다. 다음 날도 같은 시간에 그 낯선 남자는 노에미의 집 앞을 지나갔지만, 이번에는 길을 묻거나 하지는 않았다. 그러나 그 남자는 노에미의 집 앞에서 말의 속도를 늦추고는, 어제 보았던 것처럼 젊은 노에미를 살피고 있었다. 그리고는 눈이 마주치자 고개를 숙여 인사를 했다.

그날 저녁식사 때, 제롬은 뻬유송 아들의 병세가 악화되어서 병을 잘 고친다고 소문난 젊은 의사를 군청 소재지 마을에서 불러왔다는 말을 신부에게서 들었노라고 했다. 그 의사는 요드친크를 많이 사용하여 결핵을 치료하고 있다는 것이었다. 환자는 그 요드친크를 탄 물을 많이 마시지 않으면 안 되었다. 제롬은 뻬유송 아들의 위가 그런 약물을 많이 마셔도 감당할 수 있을지 걱정된다고 했다.

그 이륜마차는 매일 지나갔다. 그리고 지나갈 때마다 장 뻬루 집 앞에서 속도를 늦추고는 노에미를 찾았으나 그녀는 창문을 열지 않았다. 하지만 젊은 의사는 으레 어떤 젊은 애인이 숨어서 숨 쉬고 있을 덧문을 향해 인사를 보내었다.

온 마을이 그 의사의 요드친크 요법에 관심을 모으고 있었다. 그 지역의 결핵환자들은 모두들 그 요법을 쓰고 있었으므로, 삐유송 아들의 병세도 많이 좋아지고 있다는 소문이었다.

봄이 벌써 문턱 가까이 와서, 따스한 3월의 태양이 온 마을을 비추게 되자 만물이 소생하고 있었다.

어느 날 밤 노에미는 창문을 연 채로 옷을 벗었다. 그리고 행복과 슬픔이 엇갈리는 듯한 감정으로 잠을 이루지 못해 창턱에 팔을 고이고 앉아 있었다.

그녀는 자기 앞에 펼쳐진 밤의 은밀한 작용으로 인해서 그 남자의 인상을 떠올리고 있었다. 그녀는 난생 처음 의식적으로 그런 생각에 멈추어졌다. 그 낯선 남자는 자기가 보이지 않는데도 매일 창문을 향해 인사를 했는데, 다음부터는 창문을 열고 인사에 응답하는 것이 예의라고 그녀는 생각하기에까지 이르렀던 것이다.

그렇게 해야겠다고 마음먹으니 그녀는 어떤 달콤한 생각마저 일어 마음을 적시었다. 그래서 잠자리에 들 생각도 나지 않았다. 그때 그 남자의 모습이 선명하게 눈앞에 떠올랐다. 그 미지의 청년이 모자를 벗었을 때 잠깐 보았던 검은 머리카락과 짧은 턱수염, 두터운 입술, 그리고 만년필이 꽂혀 있는 스포츠웨어와 넥타이 없이 젖혀진 부드러운 실크 샤쓰…….

인간의 극히 본능적이기는 하지만 자기 훈련에 길들여져 있던 노에미는 즉시 위험을 느꼈다. 그래서 그녀는 최초로 기도문을 자주 외우는 일에서부터 경계를 하기 시작했다. 그때 그녀와 하나님 사이에 웃음을 머금은 갈색의 한 얼굴이 떠올랐다.

노에미는 잠자리에 들어서도 그 환영을 떨쳐버릴 수가 없었으며, 잠에서 깨어나도 환영은 사라지지 않아서 그녀는 오늘도 또 그를 보게 될 것이라는 생각에 몸을 떨었다. 그날 아침 미사를 드리면서도 노에미는 그 남자의 얼굴을 잊을 수가 없었다.

제롬의 낮잠 시간에, 그 이륜마차가 뻬루의 집 앞에 속도를 늦추었을 때 아래층 덧문은 굳게 닫혀져 있었다.

타향으로 추방되어 있던 장 뻬루가 파리에서 놀란 편지를 받은 것은 바로 그 무렵이었다. <당신이 그립다>는 노에미의 편지였던 것이다.

그 시간쯤에 노에미는 어두운 방안에 앉아, 이륜마차가 어서 지나가서 덧문을 열어놓고 다시 일을 할 수 있기만을 기다리고 있었다.

어느 날 오후, 그녀는 마음에 품고 있기만 해도 죄를 짓는 것이라고 되풀이 하면서 <나는 흥분하고 있다>고 생각했다. 그녀는 꼭 한번 창가로 가서 그 잘 생긴 남자의 인사에 응답해 줄까 하는 생각도 했다.

그때 마침 마차바퀴소리가 난 것 같아 그녀의 손이 창문의 자물쇠 위에서 망설이고 있었다. 그러나, 그녀의 그런 행위가 지난 두 주간 매일처럼 반복되었지만, 그날따라 왠지 이륜마차가 지나가지 않았다.

제롬이 약을 복용할 시간이 되어서 노에미는 시아버지의 방에 들어갔다. 그리고 그날 젊은 의사가 삐유송 집에 가지 않게 되었다는 사실을 일러바치지 않을 수 없었다.

제롬은 그 사정을 이미 알고 있었다. 삐유송의 아들은 병이 악화되어서 더 이상 요드친크에 견딜 수가 없게 되었다는 것이다. 신부의 말에 의하면, 그는 세숫대야 하나 가득하게 피를 쏟았다고 한다.

봄은 결핵환자들에게는 위험한 계절이다. 삐유송 의사가 그 젊은 의사를 호되게 나무랐으므로, 그 젊은 의사는 다시 이 마을에 나타나지 못할 것이라는 소문이 파다했다.

노에미는 소작인 한 사람을 접대하고 나서 까데뜨가 빨래하는 것을 도와주었다.

6시에 그녀는 기도하러 갔다가 돌아오는 길에 친정집엘 들렀다. 그러나 저녁식사가 끝나자 그녀는 편두통이 난다고 자기 방으로 물러났다.

노에미는 전보다도 더욱 활기찬 생활을 하고 있었다. 그것은 알을 부화시킨 것이 성공했기 때문이다.

그녀는 외출옷을 입고 마을의 주부들이 점잖게 서로 교환하는 연례방문에 나섰다. 그러고 나서 마지막으로 그녀는 소작지를 둘러보았다.

차가 파헤쳐 놓은 숲 속 길을 이륜마차를 타고 돌아다니는 것이 그녀는 여간 즐겁지 않았다.

젊은 새댁 바로 옆에는 까데뜨의 손자가 말을 몰고 있었다. 떡갈나무 숲에서는 마른 나뭇잎들이 바람에 흔들리고 있었다. 바닷물이 드나드는 개펄의 흔들리지 않는 거울이 소나무와 창공을 비추어 주고 있었다. 무수한 나무줄기에서는 나무의 독특한 향기를 내뿜고 있었다. 뻐꾹새 노래가 지난 봄을 기억나게 했다.

차가 덜컹거릴 때마나 까데뜨의 손자가 노에미의 몸에 부딪치는 바람에 두 사람은 깔깔거리며 웃었다.

다음 날, 노에미는 몸이 피곤하다며 소작지 관리인에게 나머지 일을 부탁하고는 꼼짝도 하지 않고 집에 있었다. 다만 미사 때만 성당에 갔는데, 그것은 장 뻬루가 돌아온 그날 아침에야 모습을 드러낸 셈이 되었다.

12

노에미는 정거장에서 남편을 기다렸다. 그녀가 입고 있는 오간디 원피스가 햇빛에 반짝이고 있었다. 그녀는 실장갑을 끼고 있었고, 맨살을 많이 드러낸 목에 커다란 메달을 달고 있었다. 메달은 두 병의 사랑의 신이 염소 한 마리와 싸우는 모습이 그려진 것이었다. 아이들은 선로 위를 걸으며 놀고 있었다. 모습을 보이지 않는 열차의 기적소리가 들렸다.

노에미는 기쁨이 용솟음치는 것을 느꼈다. 그녀의 기억 속에 남편의 모습이 그 동안 희미해져 있었기 때문에, 앞으로는 남편을 싫어하지 않고 사랑하며 존경하도록 하기 위해 남편의 새로운 이미지를 마음속에서 창조해 놓은 것이다. 그래서 남편을 기다리고 있는 지금 이 순간의 남편의 모습은 자신이 원하고 있던 모습, 즉 은근한 미소를 머금고 있는 모습이었다.

남편을 사랑하고 싶은 마음이 너무나 간절해져서, 마음속에 그리고 있던 장 뻬루와 빨리 포옹하고 싶어 조바심이 날 정도였다.

기쁨이 넘치는 그녀에게, 설령 자신이 그리고 있는 다른 얼굴이 나타날지라도 남편에 대한 사랑은 흔들리지 않을 것 같았다.

그렇지만 그녀는 남편이 떠날 때 시원하고 해방감으로 보내었던 그 남편과는 전연 다른 남편이 열차에서 내리는 모습을 보게 될 기쁨을 하나님께서 내려 주실 것으로 굳게 믿고 있었다.

이윽고 열차가 도착하자 2등 칸의 발판 위에 장 뻬루의 모습이 나타났다. 지난날의 남편과는 완전히 다른 모습으로 나타났다. 바싹 마른 그의 손에는 가방 하나가 들려져 있었는데, 그것도 간신히 들고 있는 모습이었다. 까데뜨의 손자가 그 가방을 받아들었다.

장 뻬루는 노에미의 팔에 안기며 약간 비틀거렸다.

「당신 몸이 편찮으세요?」

장 뻬루가 알아보지 못할 정도로 노에미도 변해 있었다. 그가 그녀 옆에 없었던 것이 그녀에게는 다행스러운 일이었던가. 그의 아내는 눈부실 정도로 활짝 피어서, 옛날 응접실에서 처음 만났을 때보다 오히려 초라해진 남편 앞에 하나의 암컷으로 나타난 것이다.

이들 부부 주위에 있던 사람들이 수군거렸다. 장 뻬루는 신문팔이 아이들이나 역장, 그리고 우편배달부들의 눈에 띄는 것이 부끄러웠다.

「마차를 보내드릴 걸, 왜 몸이 좋지 않다는 얘길 편지로 알려주지 않았어요?」

노에미는 침대를 준비하고, 남편의 얼굴과 손을 씻어 준 다음 머리맡의 탁자 위에 흰 탁상보를 깔았다. 그리고 그가 없는 동안에 배달되었던 잡지를 탁자 위에 갖다 놓았다. 그 동안에 그녀 자신은 그 잡지를 펼쳐보지도 않았었다.

장 뻬루는 마치 부모들의 지극한 보살핌과 사랑을 받고 있는 어린아이처럼 아내의 보살핌을 받으면서 아내를 옆 눈으로 힐끔힐끔 훔쳐보고 있었다.

제롬은 지난번의 뻬유송 의사를 부르고 싶지는 않았다. 집안에 자기 외에 또 다른 환자가 있다는 것이 그로서는 참을 수 없는 수치요 고통이었다.

제롬은 아들이 자리에 눕자 자신도 몸이 좋지 않다면서 자기 방으로 갔다. 그러면서 까데뜨의 간호를 퉁명스럽게 거절했다.

노에미가 그를 보러 왔다. 그러나 그것은 시아버지의 병문을 온 것이 아니라 의사를 불러와도 좋으냐고 여쭙게 위해 온 것이었다.

제롬은 그 즉시 거절해 버렸다. 뻬유송은 세균의 밥이 되어버린 아들 곁을 떠날 수가 없었던 것이다. 그런데 꼭 의사를 불러오고 싶거든 그 '요드친크의 청년'의사를 불러 오라는 것이었다.

노에미는 시아버지의 말에 얼굴을 돌리면서, 그 의사는 믿을 수가 없다고 했다. 또 그 의사는 그 지방의 결핵환자들을 모두

떠맡아 치료하고 있지 않은가. 제롬은 볼멘소리로 말을 가로막으며, 그렇다면 더 이상은 말하지 않겠다고 버럭 소릴 질렀다.

그리고는 건강이 아주 좋지 못하던 때의 하던 버릇대로 벽을 향해 돌아눕더니, 전에도 가끔 한밤의 잠을 깨우던 그 한숨과 「오 하나님! 오 하나님!」을 연발하는 것이었다.

노에미가 방으로 돌아왔을 때 하녀는 방에서 접는 침대 하나를 펴고 있었다.

장 뻬루는 길다란 베개를 베고 누워서 시뻘겋게 충혈 된 눈, 툭 삐져나온 광대뼈와 뾰족한 코만 내놓고 있었다. 그는 더블침대가 추우니 싱글 침대에 자고 싶다고 더듬거리며 말했다. 그리고는 의사의 진단을 받아보기 전에는 노에미와 침대를 같이 쓸 수 없지 않느냐고 덧붙였다.

노에미는 그 말을 반박하여 실망하는 기색을 나타내고 싶었다. 그러나 무슨 말을 해야 할지 몰라서 그녀는 남편의 땀이 흐르는 이마에 키스를 해 주었다. 그러나 장 뻬루는 그 키스가 나타내는 끔찍한 정과 사랑을 자기로서는 참을 수가 없어서 고개를 숙여 버렸다. 이렇게 해서 그날 하루는 지나갔다. 조용하고 서글픈 날이었다.

장 뻬루는 누워서 졸다가 커피 접시에 부딪치는 찻숟가락 소리에 잠이 깨었다. 그는 그렇게 심한 중태는 아님에도 노에미는 남편이 차를 마실 동안에도 몸을 받쳐 주었다. 그러자 기대고 있는 노에미의 따뜻한 체온을 오랫동안 느끼고 싶어서 차를 천천히 마셨다.

온 마을에 황혼이 깔렸다. 교회의 종소리가 들려왔다. 두 사람은 앞마당에서 까데뜨의 손자가 말을 매면서 「이랴! 이랴!」 하는 소리를 듣고 있었다.

맨발에 슬리퍼를 신고, 약이 묻어 있는 실내복 차림의 제롬이 방문을 살짝 열었다. 시아버지 제롬은 조금 전에 쓸데없이 화를 낸 것이 미안해서 온 것이었다. 그리고 아들의 병이 걱정스럽다고 덧붙여서 말했다.

그래서 지금 까데뜨의 손자가 제롬의 명령을 받고 그 <요드친크 청년> 의사를 부르러 가는 길이었다.

장 뻬루는 의사를 원치 않는다고 했다. 그는 약간 피로를 느낄 뿐 좀 쉬고 나면 괜찮을 거라고 말했다. 그 의사가 노에미를 보고 싶어 하는 이유를 그는 아직 알지 못하고 있었던 것이다.

노에미는 어둠 속에 앉아서, 말 한마디 하지 않고 점점 사라져 가는 마차바퀴 소리를 들으며 속으로 울고 있었다.

폭우가 유리창을 때리면서 밤이 찾아 왔건만 이들 부부는 등잔불을 켤 생각도 하지 않고 있었다. 마침내 까데뜨가 불을 들고 들어와서 장 뻬루의 침대 옆에 식탁을 준비했다.

노에미가 식사를 하면서 남편에게 역사연구는 끝마쳤느냐고 묻자, 장 뻬루는 고개를 힘없이 저었다. 그녀는 더 이상 묻지 않았다.

그때 마당에서 이륜마차의 소리가 들려왔다.

「의사가 온 모양이구만.」

장 삐루의 말이었다.

노에미는 식탁에서 일어나 등잔불에서 좀 떨어진 곳에 서 있었다. 그때 이야기 소리와 층계를 올라가는 발소리가 크게 들렸다. 까데뜨가 문을 열자 의사가 방에 들어섰다. 노에미가 전에 보았을 때보다 그 의사는 더 뚱뚱해졌으며, 그 마을에서는 미남이라고 불리고 있었다. 머리털이 시꺼멓긴 했지만, 얼굴은 석류 빛에다 긴 눈으로, 무색할 정도로 노에미의 몸을 아래위로 훑어보았다.

의사도 역시 자기를 생각하고 있었던 것일까, 노에미는 어둠 속에서 나올 용기조차 없어서 떨고 있었다.

의사는 환자를 진찰했다.

「샤쓰의 단추를 풀어 주세요. 손수건이 한 장 있으면 좋겠는데, 부인 자 세어 보세요. 서른 하나, 서른 둘, 서른 셋…….」

등잔불빛이 불쌍한 환자의 몰골을 초라하게 비추고 있었다.

「삐루 씨의 건강은 걱정할 정도는 아닙니다. 이 고비만 넘기시면 됩니다.」

의사는 강장제와 카코딜 산염 주사의 처방을 내주었다. 그는 말을 하면서도 노에미를 힐끔힐끔 쳐다보았다. 그는 자기가 왕진 오도록 요청한 것이 노에미라고 생각하고 있었다. 중환자도 아니고 단지 몸이 허약해진 사람을 위해 한밤중에 6킬로미터나 떨어진 곳까지 의사를 부르러 보냈다는 사실이 그것을 입증하지 않는가.

그 의사는 진찰이 끝났는데도 돌아갈 생각도 않고, 묵직한 소리로 자기는 삐유송의 아들처럼 병이 악화된 환자를 요드친크로 고칠 수 있다고 말한 적은 결코 없다고 변명했다. 그의 느린 목소리와 시골사람다운 풍채가 특히 남자다운 인상을 주었다.

노에미는 그 의사가 자기를 훔쳐보고 있다는 것을 느꼈다. 그러나 의사로서는 어둠 속에 있는 그녀가 환영의 모습으로만 보였다.

의사는, 병이란 미리 처방하는 것이 좋으며, 남편의 몸은 세균이 침입하기 쉬운 체질이라고 말했다.

「제 말씀 알았어요? 남편의 체질은 결핵성 체질이라는 말입니다. 뻬루 씨의 어머니도 폐결핵으로 돌아가셨지요?」

그런 말을 하는 의사의 입술은 말보다는 더 성실해 보였다. 의사는, 이 환자는 계속 진찰을 받아야 한다면서, 내일 다시 왕진오기를 바란다고 했다.

노에미가 아예 말이 없자 의사는 일어서면서 자기가 왕진을 다시 오기를 바라느냐고 남편한테 물었다. 비록 주사 한 대만 놓게 되더라도 자기가 와야 되지 않겠느냐고 강조했다.

「당신 생각은 어때요?」

노에미가 남편 물음에도 아무런 대답을 하지 않자, 장 뻬루는 노에미가 자기 말을 못들은 줄 알고 다시 되물었다.

「선생님께 다시 와 달라고 할까? 어때?」

마침내 그녀가 입을 열었다.

「그럴 필요는 없어요.」

거절하는 말투가 너무나 차갑고 냉정해서, 장 뻬루는 의사가 화가 나지 않을까 겁이 나 「선생님이 판단하신대로 하십시오.」 하고 말했다.

노에미는 등잔불을 들고 의사 앞에 서서 걸어 나갔다. 그녀는 목덜미 뒤로 의사의 뜨거운 시선을 의식하면서 계단을 내려갔다.

이륜마차가 문 앞에서 대기하고 있었다. <요드친크 청년> 의사는 노에미의 시선을 단 한 번도 받지 못하고 마차에 올라탔다.

까데뜨의 손자는 혀를 찼다. 등잔불빛이 말의 엉덩이를 비추고 있었는데, 바람이 불어오자 그만 불이 꺼져 버렸다. 노에미는 차츰 멀어져 가는 마차소리를 들으며 어둠 속에서 죽음과 같이 정적으로 휩싸인 문간에 서 있었다.

그녀는 잠이 오지 않았다. 남편은 침대에서 몸을 뒤척이면서 혼자서 무슨 소리를 중얼거리고 있었다. 노에미는 자리에서 일어나, 남편 곁으로 다가가 조심스럽게 그의 이마에 손을 얹었다.

13

장 뻬루는 그 다음 다음날부터는 지난 날들의 습성을 되찾았다. 그는 아버지가 낮잠을 자는 사이에 슬쩍 밖으로 나가 까치를 기다렸으며, 돌아오는 길에는 교회에 들렀다가 되도록 느지막이 집으로 돌아오는 것이었다.

노에미에게서는 이미 그 밝은 표정이 사라지고 말았다. 장 뻬루는 그녀가 자기를 바라볼 때마다 늘 겸손한 부드러움을 띠고 있는, 그 슬픈 눈가에 서린 어두운 그늘을 주의해서 지켜보고 있었다.

그는 밤에, 침대를 따로 쓰는 것 만으로라도 노에미가 자기 곁에 있는 것이 싫지 않게 되기를 바랐던 것이다. 그러나 노에미는 그에 대한 혐오감과 필사적으로 싸우고 있었기 때문에, 그 싸움이 그녀를 지키게 만들었다.

그녀는 밤에 여러 차례 남편에게 가까이 오도록 불러보았지만, 장 뻬루가 계속 자는 척했기 때문에, 그녀 쪽에서 먼저 다가가 그에게 키스를 해 주었다—그 키스는 옛날에 성자들이 문둥병자들에게 해 주던 바로 그런 종류의 키스였다.

그들이 과연 그들의 곪은 상처 위에 와서 닿는 성자들의 입김으로 행복을 느꼈었는지는 아무도 모른다.

그러나 장 삐루는 마침내 노에미의 그런 포옹을 뿌리치며 소름끼치는 듯 「그만둬!」라고 소리치게 되었다.

정원의 높은 담에는 짙은 보랏빛 라일락꽃이 피어 헝클어져 있었다. 황혼녘이면 산매화 냄새가 그윽했다. 그러면 석양 속에서 풍뎅이들이 요란하게 붕붕거렸다.

성모 마리아의 달(5월에 해당됨)저녁에, 연도(連禱)가 끝난 다음 신부는 이런 말을 했다.

「여러분의 기도 속에서 많은 젊은이들이 시험에 성공하며, 많은 처녀들이 결혼할 수 있고, 어떤 가정의 가장은 회개하고, 중태에서 신음하는 청년은 건강을 회복할 수 있도록 기구(祈求)해 주십시오…….」

그것이 병세가 위독한 삐유숑의 아들을 두고 하는 말이라는 것은 누구나 잘 알고 있었다. 6월의 백합이 피어 있었다.

노에미는 남편 장 삐루가 이제는 산보를 나설 때 사냥총을 가지고 나가지 않는 것을 보고 이상한 생각이 들었다. 그의 말로는, 까치들이 이젠 자기 얼굴을 너무나 잘 알아볼 만큼 교활해져서 더 이상 가까이 오지도 않는다는 것이었다.

노에미는 남편의 외출이 건강에 무리가 갈까 봐 걱정스러웠다. 왜냐하면 그가 돌아올 때의 얼굴이 전처럼 활기 있는 모습이 아니었기 때문이다. 활기는커녕, 반대로 지쳐서 핼쑥해진 얼굴로 돌아오곤 했던 것이다. 남편 자신의 입으로는 더위 때문에 기운이 없다는 것이었다.

어느 날 밤, 노에미는 남편이 여러 차례 기침하는 소리를 들었다.

그녀는 그를 나직이 불러보았다.

「자는 거예요?」

그는 목이 좀 아플 뿐 아무렇지도 않다고 잘라 말했다. 그러나 노에미는 남편이 애써 기침을 참고 있다는 것을 눈치 챌 수 있었다. 기침은 아무리 참으려고 애써도 계속 복받쳐 나오는 것이기 때문이다.

등잔불을 밝히고 나서야 노에미는 남편이 땀에 흠뻑 젖어 있음을 알았다. 그녀는 걱정스러운 눈으로 그를 바라보았다. 장 뻬루는 눈을 감은 채로, 자신의 내부에서 일어나고 있는 어떤 불가사의한 작용에 주의를 기울이고 있는 것같이 보였다. 장 뻬루는 아내에게 미소를 보냈다. 노에미는 남편의 그 너무나도 부드럽고 조용한 미소에 오히려 가슴이 아팠다.

그때 장 뻬루가 낮은 목소리로 말했다.

「목이 말라.」

다음 날 아침에 그는 열이 내렸다. 그의 체온은 오히려 너무 낮은 편이었다.

노에미는 일단은 안심을 했다. 그녀는 점심식사 후의 산책은 나가지 않는 것이 좋겠다고 말했지만, 남편의 뜻을 완강히 막을 수는 없었다.

그러자 장 뻬루는 노에미의 만류가 불쾌한 것 같았다. 그는 마치 시간이 늦어질까 걱정이라도 되는 듯 시계를 들여다보았다.

제롬은 농담까지 했다.

「새아기는 네가 다른 여자라도 만나러 가는 줄 아는 모양이구나!」

장 뻬루는 아무런 대꾸도 하지 않았다. 그의 서두르는 발소리가 현관에서 울려왔다. 비바람을 머금은 먹구름이 하늘을 어둡게 짓눌렀다. 새들이 울지 않아서인지 나뭇잎들도 흔들리지 않았다.

노에미는 그날 종일 아래층 창가에서 마음이 불안했다. 4시에 교회의 종이 사이를 두며 약하게 울려왔다. 불현듯 노에미는 누군가가 임종이 가까워졌음을 알고 십자를 그었다. 그녀는, 광장에서 누군가가, 「저 종소리는 뻬유송의 아들을 위한 거야. 오늘 아침부터 벌써 죽을 고비에 들어섰었으니까.」하고 외치는 소리를 들었다.

시아버지 제롬은 아직도 자고 있었다. 노에미는 부엌으로 가서 까데뜨에게 로베르 뻬유송의 이야기를 꺼냈으나, 귀머거리 노파의 귀에는 조종(弔鐘)이 들리지가 않았다.

노파는 <서방님>이 돌아오시면 무엇인가 얻어들을 수가 있을 것이라고만 말하는 것이었다. 그리고 노에미가 놀라는 모습을 보자 까데뜨는 한숨을 쉬며 눈물을 글썽거렸다. 그녀는 <새댁>이 삐유숑 아들의 상태를 전연 모르는 줄 알았던 것이다. 노파의 생각으로는, 만일 새댁이 삐유숑 아들의 상태를 알고 있어서야, 그토록 몸이 약한 <서방님>이 매일 삐유숑 아들과 오후 시간을 같이 보내는 따위의 일은 한사코 말려야 했을 것이기 때문이다. 그것도 벌써 한 달도 더 전부터가 아니었던가!

장 뻬루는 까데뜨 노파에게 그 얘기를 아무에게도 하지 말라고 단단히 일러놓았던 것이다.

노에미는 놀라는 기색을 보이지 않으려고 애를 썼다. 그녀는 부엌을 나왔다. 비는 멎어 있었고, 먼지를 머금은 바람이 무거운 구름들을 밀어내고 있었다.

노에미는 곧바로 삐유숑 의사의 집으로 달려갔다. 그 집에는 이미 죽음이 찾아와 있어서 덧문들이 모조리 닫혀 있었다.

장 뻬루가 문 앞에 나타났다. 해가 이미 기울었는데도 그는 눈이 부신 듯 지그시 눈을 감았다. 그래서 아내가 와 있는 것도 알아보지 못했다.

흙빛 얼굴을 하고 넋이 빠진 듯한 장 뻬루는 본능적으로 교회 쪽을 향해 걸어갔다. 그는 교회 안으로 들어섰다.

노에미는 멀리서 남편의 뒤를 따랐다. 그녀는 교회 안의 축축한 냉기에 휩싸였다—그 흙의 냉기, 새로 열린 묘혈(墓穴)의 냉기였다. 그것은 곧 시간이 경과함에 따라 서서히 가라앉아 계단을 내려감으로써 도달하게 되는 교회 속에서 새로운 사체(死

體)를 포용하는 묘혈의 냉기였다.

거기서 그녀는 간밤에 잠을 깨웠던 그 기침소리를 다시 한 번 들었다. 그러나 이번에는 둥그런 천정에서 부딪쳐 다시 반사되어 들리는 기침소리였다.

14

장 삐루는 자기 침대를 정원으로 향한 아래층 방으로 내려놓아 달라고 부탁했다.

그의 숨이 괴로워질 때마다, 집안 식구들은 그의 쇠침대를 베란다 밑으로 끌어내었다. 그래서 거기에서 그는 바람이 나뭇잎 사이로 푸른 하늘을 좁혔다 넓혔다 하는 것을 바라보곤 했다. 오직 그것이 낙이었다. 그가 차가운 생우유나 약간의 아이스크림 밖에는 음식을 거의 먹지 못했기 때문에, 집안 식구들은 아이스크림 제조기를 집안에 사들여 놓았다.

장 삐루의 아버지는 아들을 보러 내려오기는 했지만, 멀찌감치 서서 미소만 보내는 것이었다.

그는 임종의 고통을 남에게 보이지 않기 위해 필시 어두운 방안을 택하고 싶었을 것이다. 그러나 노에미에게 되도록 전염을 덜 시키기 위해서도 정원에서 죽는 편을 원하리라.

모르핀 주사가 그를 몽롱하게 만들었다. 휴식! 삐유숑 아들의 머리맡에서 보냈던 그 무서운 오후가 지난 뒤의 휴식! 삐유숑의 아들은 그가 영원히 떠나지 않으면 안 되었던 것들—즉, 보르도에서의 결혼식 야회(夜會)며, 교외의 카바레에서 보낸 자동 오르간을 둘러싸고 벌어졌던 무도회며, 먼지가 털투성이의 마른 허벅다리에 잔뜩 끼어 죽을 지경인 자전거 여행이며, 특히 여자들의 애무를 잊지 못해 절망적으로 울부짖었던 일들…….

까즈나브네 식구들은, 제롬이 인색해서 아들을 좀 더 온화한 지방으로 전지요법(轉地療法)을 보내든가 고원요법(高原療法)을 시키지 않고 있다는 소문을 온 마을에 퍼뜨렸다.

그러나 장 뻬루는 집을 나가서 죽을 사람도 아니었을 뿐 아니라, 삐유숑 의사의 말에 결핵에는 랑드지방의 숲보다 더 좋은 곳은 없다는 것이었다. 즉, 의사의 그 말은 환자의 방을 마치 성체(聖體)의 축일을 축하하듯 어린 소나무로 둘러싸고, 침대 주위에는 수지(樹脂)를 가득 채운 항아리를 놓아두라는 것이었다.

하지만 결국 온갖 조치를 다 해본 끝에, 삐유숑 의사는 장 뻬루가 더 이상은 요드친크를 <다량으로> 복용할 수 없으리라는 것을 알면서도 젊은 동업자를 불러오게 했다.

노에미는 그 미남 청년 의사를 냉담하게 맞이했지만, 그래도 그 청년이 그녀의 눈길을 받게 될 때, 또는 그들의 손이 서로 스치게 되면 얼굴빛이 변하는 것을 모르지 않았다.

미남 의사와 얼굴이 마주칠 때마다 자기에게는 이 환자, 남편밖에는 아무것도 없다는 확신을 얻었다. 그러면서도 그녀의 가슴 속 깊이에서는 남편이 자기에게 단단히 밀착되어 있음을 느끼며, 어느 날엔가는 생생하게 약동하는 그를 자기가 벼랑으로 끌어올릴 수 있다는 확신이 있었기 때문에 그처럼 평온하게 행동할 수가 있었던 것이다.

장 뻬루는 노에미에게 키스를 못하게 했지만 그러면서도 그녀가 차가운 손을 이마 위에 얹는 것만은 기뻐했다. 그는 이제야 그녀가 사랑한다는 것을 믿게 된 것일까? 그는 그렇게 믿고, 또 이런 말도 했다.

「내가 죽기 전에, 한 여인의 사랑을 내게 베풀어 주신 하나님께 영원한 축복이 있으시기를…….」

그리고 전에 혼자서 산보를 할 때면 늘 같은 시구만을 끝없이 음미했듯이, 오늘도 그는 기도를 외우는데 지치자 노에미가 계속 그의 손목을 잡고 있는 동안 작은 목소리로 뽈린느(17세기 프랑스의 극작가 꼬르네이유의 비극 "뽈리웍뜨"에 나오는 말)의 <나의 뽈리웍뜨 마지막 순간에 이르다>라는 탄식을 되풀이 하면서 미소 짓는 것이었다. 그것은 그가 자신을 순교자라고 생각해서가 아니었다. 사람들은 늘 그를 가리켜 <불쌍한 녀석>이라고 말해왔다. 그리고 그 자신도 지금까지 자신이 그런 인간이라고 믿어왔던 것이다.

그의 생애의 한 면을 돌이켜 보면 그는 자기혐오에 빠지지 않을 수가 없었다. 그 얼마나 침전된 물이었던가! 그러나 그 침전된 바닥 밑에는 맑은 물의 은밀한 흐름이 떨리며 흔들리고 있었다. 그리고 죽은 자와도 같은 인생을 살고 난 지금 그는 불현듯 재생이라도 하는 듯 죽어가는 것이었다.

어느 날 밤, 신부와 삐유송 의사가 현관에서 머뭇거리고 있을 때 노에미가 그들에게로 달려와, 그들이 그 동안 왜 잠자코 있었느냐고 그 이유를 신랄하게 따졌다. 장 삐루가 매일 폐결핵 환자의 머리맡에 가 있었던 사실을 왜 자기에게 미리 알려 주지 못했느냐고 따진 것이다. 의사는 고개를 숙이며, 자기는 장 삐루의 병세를 모르고 있었다고 변명했다. 무한한 자비심을 가지고 있는 그였으니, 자기 자신 몸소 바쳤고 또 아들이 그 은혜를 입었었던 그런 헌신적인 행위가 이상하게 느껴졌을 리가 없지 않겠느냐는 것이었다.

신부는 한 층 더 강경하게 자기변명을 했다. 즉, 장 삐루가 잠자코 있어 줄 것을 당부했기 때문이었다는 것이다. 교도자(敎導者)란 자신의 피교도자에 대해서 세심한 데까지 배려를 해야 한다는 것이다.

"하지만 신부님, 그이에게 그런 치명적인 파리 여행을 시킨 건 바로 신부님이셨잖아요?"

"그게 나 혼자 때문이었던가, 노에미?"

노에미는 벽에 가서 기대어 대리석 무늬를 칠한 벽토 안에 어느 패인 자국 하나를 손가락으로 넓히고 있었다.

다시 방안에서 기침소리가 들려왔다. 이윽고 까데뜨의 헌 신발이 끌리는 소리가 이어졌다.

신부가 말을 계속했다.

"나야 기도를 드린 다음에 그런 결정을 내린 거지. 노에미,

하나님께로 가는 길을 숭상해야 해요."

신부는 긴 외투를 입었다. 그러나 마음속으로는 자신이 한 말과 정반대의 감정에 사로잡혀 있어서, 그는 장 뻬루 때문에 밤에도 잠을 못 이루며 눈물을 흘리는 것이었다.

신부는 환자가 노에미를 위한 유서를 써 놓았으며, 제롬도 불쌍한 아들이 죽은 후에는—며느리가 재혼을 하지 않는다는 조건하에—저택과 재산의 대부분을 물려 줄 뜻이라는 것을 수 없이 혼자서 되뇌어 보았지만 소용이 없었다.

신중한 편이면서도 항상 남의 운명에 너무 깊이 빠져 들어가는 경향이 있는 신부는 자신의 마음을 규명해 보았다. 그는 이 결혼이 행복하게 되리라는 것을 의심치 않았었던 것이다.—그리고 또, 영원한 양상 하에 그 성공을 축복해야만 하지 않았던가!

신부는 이 결혼에서 과연 어떤 득이 있었던 것일까? 선량한 목자(牧者)로서, 그는 다만 자신의 신도들을 걱정해줬을 뿐이었다.

신부는 자기 자신을 심판할 때마다 스스로 자신을 용서했지만, 그러면서도 끊임없이 되풀이해서 판단력을 잃어버린 것이 아닌가 의심하는가 하면, 자신의 행위의 가치에 판단을 내리지 못하고 어리둥절 하는 상태였다. 또 겸허해져서 전보다는 위엄도 부릴 수 없게 되었다. 매일 미사를 드릴 때에도, 그는 이제 수단자락을 늘어뜨리고 다니지 않았으며, 그 자신과 도료 사이를 구별해 주는 삼각모도 쓰지 않기로 했다. 모든 째째한 생각들이 하나씩 하나씩 그에게서 사라져가고 있는 것이다. 그는 사제의 주석(主席)은 아니었지만, 주교(主敎)로부터 백의(白衣)위에 까마이유를 입는 것을 허가한다는 소식을 받았을 때에도 전혀 기쁨을 느끼지 못했다. 영혼의 수호자라는 그가 어찌 이런 불행을 감당할 수 있단 말인가? 지금에 와서는 이 비극에서 자신의 역할을 검토하는 일 외에는 할 일이라곤 아무것도 없을 것 같았다. 그는 신의 한낱 유순한 도구였던 것인가, 아니면 가련한 시골 사제가 신의 대역(代役)을 했었음에 불과한 것인가?

그러는 동안에도, 계속 밤이면 꽁꽁 언 얼음길을 한 대의 이륜마차가 젊은 미남 의사를 싣고 왔다. 빽빽한 소나무 꼭대기 사이로 달빛이 촘촘히 엉킨 나뭇가지에 걸리지도 않고 흘러내렸다. 어둡고 둥근 나무 끝이 마치 움직이지 않는 새들의 무리처럼 하늘에 떠 있었다. 앞에서 수백 미터 떨어진 곳에서, 멧돼지의 짧은 그림자들이 이쪽 언덕에서 저쪽 언덕으로 건너가고 있었다. 땅을 스칠 듯이 떠 있으면서 밑으로는 목장을 가지로 잇는 구름 주위로 소나무들이 쭉 늘어서 있었다. 길은 구부러져 있었기 때문에 마차는 시냇물의 차가운 숨결 속으로 접어들게 되었다.

염소 가죽의 외투를 입고, 안개와 잎의 향기 속에 잠겨 있는 미남의 의사는 저 소나무 숲 너머에는 별들이 있다는 것도 모르고 있었다. 그는 마치 개가 코를 땅에서 떼지 않듯 얼굴을 땅에서 들지 않았다. 그리고 곧 몸을 녹이게 될 부엌의 난로나 자기가 직접 포도주를 부을 수프 생각을 하지 않을 때면, 그의 생각은 노에미의 손이 바로 자기 손 가까이에 있었으면서도 아직 한 번 잡아보지 못했던 그 생각만을 골똘히 하는 것이었다.

「그래도 내 화살이 여잘 맞히지 못한 건 아냐. 그 여자 마음에 상처는 났으니까……」라고 이 사냥꾼은 중얼거렸다.

좇고 있는 여자가 막바지에 몰리게 되어 목숨을 구해 달라고 할 때가 되면 미남 의사는 그것을 본능적으로 직감하게 마련이었다. 그런게 그 젊은 육체의 절규를 그는 이미 들었던 것이다. 전제도 그는 삐루와 같은 패자도 아닌 훌륭한 남자들과 결혼한 금단의 여인들을 얼마나 많이 정복했었던가! 그런데 하물며 사정거리에 들어왔는데도 다른 어떤 여자보다도 걸리는 것이 없는 노에미만은 어째서 접근할 수가 없단 말인가?

남편의 목숨이 고통스럽게나마 붙어 있는 한은 노에미는 분명 정절을 지킬 것이다. 하지만 남편이 중태에 빠지기 이전에는, 혼이 반은 나가 있는 그 자고새를 도대체 누가 손에 넣었더란 말인가? 도대체 어떤 강력한 자석이 그녀를 등잔불에서 멀리 어둠속으로 끌어들였을까? 다른 애인이 있는 것일까?

미남 의사는 노에미가 신앙심이 깊은 신도라고는 생각되지 않았다. 그 미남 의사는 그런 종류의 여자에 대해서는 너무나 잘 알고 있다고 생각하는 것이었다. 그는 신자를 정복하기 위해서 이미 신부와 그 역량을 겨루어 보지 않을 수 없었던 것이다. 신앙심이 깊다는 여자들도 놀아나서 가벼운 죄를 짓고, 불가를 맴돌다가 한쪽 발을 데운 후에야 마지막 순간에 이르러 마치 보이지 않는 끈에라도 끌려가는 듯 손가락 사이를 빠져나가 고백소(告白所)로 미끄러져 들어가는 것이었다.

미남 의사는 장 뻬루가 결국은 <죽을> 때를 생각해서 여러 가지 계획을 세워 보았다. 그는 중얼거렸다. 「그땐 저 여자를 내 것으로 만들어야지.」 그 미남 의사는 그러고 나서야, 잠복 사냥을 할 수 있는 랑드 사람 특유의 인내심을 가지고 빙그레 웃는 것이었다.

그 즈음에, 마을의 독실한 신자들은 대낮에 교회를 들어가, 자기들뿐인 줄 알았다가 성가대 쪽에서 나는 한숨소리를 듣고는 소스라치게 놀라곤 했다.

신부는 여가의 대부분을 그 컴컴한 어둠 속, 그의 심판자 앞에서 보내는 것이었다. 그는 오직 그곳에서만 평화를, 마치 물속에 깊숙이 잠긴 듯이 캄캄한 시골 교회의 정적이 주는 평화가 아니라 이 세상의 무엇으로부터도 받을 수 없는 평화를 맛볼 수 있었기 때문이다.

신부는 저 작은 병약자—대축일 전날이면 촛대의 유리를 닦는다든가 부인들이 만드는 화환을 바칠 기다란 이끼나 모을 줄 알았던 저 장 뻬루—저 까치 잡이와 여러 사람들의 영혼을 구제하기 위해 생명을 바쳐 왔다는 이 빈사(瀕死)의 자기 자신과의 사이에는 아득한 거리가 있다는 것을 마침내 깨달았던 것이다. 그래서 신부는 지금 노예들을 신과 동일하게 만드는 비법을 알고 있는 그리스도 앞에 깊이 빠져 있는 것이었다.

15

어느덧 장 뻬루를 숨 막히게 하던 여름도 기울었다. 9월이 되자, 자주 내리던 폭풍우 때문에 나뭇잎들은 단풍으로 물들기 시작했다.

까데뜨의 손자가 첫 버섯을 환자에게 갖다 주었다. 버섯에서 나는 깊은 수풀의 흙냄새는 새벽에 잡아온 멥새들과 섞여 환자의 마음을 여간 기쁘게 하지 않았다. 까데뜨의 손자는 멥새들을 어두운 데서 살찌게 한 다음, 그것을 오래된 브랜디에 넣어 쪄서는 환자 서방님의 식탁을 마련하곤 했던 것이다.

산비둘기들이 나는 것으로 보아 겨울은 일찍 찾아올 것 같았다. 멀지 않아 마을 사람들은 그물에 새피리를 장비할 것이다.

장 뻬루는 전에도 늘 늦가을이 다가오는 것을 좋아했었다. 조를 거둬들인 들판과, 산비둘기들만이 알고 있는 황야, 양떼, 바람, 그것들과 자기 마음과의 은밀한 융화를 여간 좋아하지 않았다.

새벽에 장 뻬루의 호흡을 다소나마 편안하게 해 주려고 집안 식구들이 창문을 열면, 그는 10월의 황혼 속에 쓸쓸하게 돌아오던 때의 그 향기를 느낄 수가 없었다. 그러나 그에게는 시간의 흐름을 조용히 기다리는 것이 허용되지 않았다. 죽어가는 사람에게는 정숙한 시간이 필요하다는 것을 노에미는 미처 알지 못했던 것이다. 그리고 또 전에는 그에 대한 혐오감을 감추지 못했던 것과 마찬가지로, 지금에 와서는 아내의 회한 같은 것이 그에게는 아무런 은혜도 될 수 없다는 것도 또한 모르고 있었던 것이다. 그녀는 눈물로 남편의 손을 적시며 한없이 용서를 비는 것이었다.

「나 혼자서 당신을 택했던 거야, 노에미…… 그리고 나만이 당신을 제대로 돌보지도 못했었고……」

장 뻬루는 아내에게 말해 보았지만 소용이 없었다.

노에미는 고개를 저으며, 남편이 죽게 된 것은 오직 자기 때문이라는 것 밖에는 아무것도 이해하지 못했던 것이다. 남편은 얼마나 고귀하고 위대한 남자였든가! 그가 병만 낫는다면 얼마든지 그를 사랑할 수 있을 텐데! 그녀가 그처럼 인색하게 굴던 애정을, 그녀는 백배는 더 그에게 돌려 줄 것인데! 그러나, 장 뻬루 같은 남자가 간신히 다시 병을 회복하게 되면, 회복되기가 무섭게 다시 그의 손에서 도망쳐 버리고 말리라는 것과, 또 그녀가 마침내는 그를 다시 사랑할 수 있게 되기 위해서는 임종에 가까워 올 때라야만 비로소 가능하리라는 것을 노에미가 어찌 헤아릴 수 있었겠는가?

노에미는 무지하고 육감적인, 또 자기 자신의 마음도 헤아리지 못하는 젊디젊은 여자였다. 그러나 욕망이 넘치는 그 마음은 아무런 술책도 몰랐으며, 오직 신에게만 순종할 뿐이었다.

노에미는 서투르게도 이 빈사의 남편에게 자기를 그 회한에서 구해 달라고 말하는 것이었다. 그런 말씨름을 하고 나면 장 삐루는 기운이 지쳐, 아내와 단 둘이 있는 것을 원치 않게 되었다. 그는 종종 그런 경우를 당했다. 왜냐하면 아버지 제롬이 또다시 갖은 병마에 시달려 침대에서 꼼짝을 못했기 때문이다.

그런데 그 미남 의사는 기가 막힌 헌신을 보이는 것이 아닌가!

장 삐루는 이 미지의 사나이가 보여 주는 이상한 성실성에 적이 놀라지 않을 수 없었다. 대화를 이끌어나갈 수는 없었지만, 적어도 그는 그 미남 의사가 와 있다는 것만으로도 즐거웠다.

9월 말의 어느 날 오후, 장 삐루는 깊은 잠에서 깨어나 창가의 안락의자에서 아내가 고개를 떨어뜨린 채 자고 있는 모습을 보며, 어린애와 같이 조용한 숨소리를 들었다. 그는 다시 눈을 감았다.

장 삐루는 문이 열리는 소리에 문득 다시 눈을 떴다. 미남 의사가 가만히 들어오고 있었다. 장 삐루는 인사 한 마디 보낼 기력조차 없어 그래도 자는 척해 버렸다.

청년의 사냥구두 소리가 삐걱거렸다. 그리고는 이내 아무 소리도 안 났다. 한 순간의 정적에 장 빼루는 살며시 눈을 떠보았다. 미지의 그 친구는 깜빡 졸고 있는 아내 곁에 서 있었다. 처음에는 그대로 가만히 서 있더니, 이윽고 노에미에게로 서서히 몸을 기울였다. 감은 듯 뜬 듯한 눈으로 보니 그는 털이 수북한 그 억센 손을 떨고 있었다.

「어머! 죄송합니다……깜짝 놀랐네요, 선생님 제가 깜빡 잠이 들었었군요. 오늘은 환자가 퍽 지쳐 있는 것 같아요……워낙 답답한 날씨라서요! 저것 보세요! 나뭇잎들이 끄떡도 안하는군요……」

미남 의사는 그래도 남서풍이 불고 있다고 대답했다. 그 말에 노에미는 다시,

「스페인 바람은 폭풍우를 몰고 온다지 않아요?」했다.

폭풍우란 창백한 얼굴에 마치 저 하늘처럼 <구름이 낀>, 욕망에 불타는 눈을 가진 바로 이 청년이었다.

노에미는 일어서서 강 쪽으로 다가와 지그시 자기를 지켜보고 이는 의사와 자기 사이에 쇠침대를 옮겨 놓았다.

미남 의사가 중얼거렸다.

「부인, 저분을 위해서라도 몸을 좀 아끼셔야 할 겁니다……」

「아, 저요! 전 문제없어요. 짐승처럼 잘 먹고 잘 자고 하는걸요. 슬픔으로 죽을 것 같은 사람은 어떻게 해야 하는 걸까요?」

두 사람은 서로 멀찌감치 떨어져서 앉았다. 장 뻬루는 계속 자는 척하며, 입술도 움직이지 않고, 사이를 두어가며 ㅈ기 자신에게 노래는 불러 주었다.

'나의 뻬루, 마지막 순간에 이르도다……'

마치 늦가을의 그 포옹과 베일과 눈물냄새 속에 붙잡아 놓기라도 한 듯 장 뻬루는 호흡도 다소 편안해졌으며, 음식도 약간은 먹을 수 있게 되었다. 그러나, 그것이 그에게는 가장 견디기 어려운 고통으로 가득 한 나날로 되어갔다. 죽음의 기슭에 이르긴 했으나 아직은 목숨이 살아 있으니, 설사 노에미를 의심은 하지 않는다 하더라도－그가 죽음의 암흑 속으로 들어갈 때, 어떻게 해야 그 미남자를 막아낼 수 있단 말인가? 사자(死者)의 가련한 그림자조차 서로 사랑하도록 운명 지워진 사람들을 갈라놓지는 못하는 법이다. 그러나 그의 그런 극심한 고통도 겉으로는 전연 나타나지 않았다.

장 뻬루는 미남 의사의 손을 꼭 잡고 미소를 보였다. 아! 그는 그 미남 의사를 물리치고 자기가 사랑받기 위해 얼마나 살고 싶었을까? 도대체 그 어떤 음산한 광기가 그에게 죽음의 욕망을 불러일으켰더란 말인가? 노에미가 없더라도, 아내가 없더라도 공기만 마실 수만 있다면 즐겁게 마실 수 있었을 테고, 또 새벽바람의 애무는 그 어떤 애무보다도 정다웠을 게 아닌가…….

땀에 흠뻑 젖어, 자기 몸에서 나는 환자냄새에 혐오감을 느끼며 장 뻬루는 열린 창문으로 밖을 내다보았다. 그는 까데뜨의 손자가 사냥철의 첫 번째 오디새를 꺼내 보이는 것을 물끄러미 보고 있었다…….

오, 사냥의 아침이여! 축복받을 가난한 사람들을 닮아 창공 속에 어두운 잿빛 머리를 드높이 세우고 서 있는 행복한 소나무 숲이여! 그럴 때면 밀림 깊숙한 곳에, 잡초와 오리나무와 안개 긴 녹색 자욱한 곳을 따라 갈색의 사암(砂岩)이 황토빛으로 물들어 있는 맑은 샘을 찾아낼 수도 있다.

장 뻬루 가(家)의 소나무 숲은, 대서양과 피레네 산맥과의 사이에서 피를 흘리고 있는 거대한 군대의 전방을 형성하고 있었다. 그 소나무 숲은 쏘떼르느(프랑스의 서남에 있는 유명한 백포도주의 산지)와 햇빛이 불타는 계곡을 내려다보고 있었다. 그 계곡에서는 실제로 태양이 나무 열매 하나하나의 속까지 스며들고 있었다…….

시간이 흐르면 장 뻬루도 차츰 자기 몸에 신경을 덜 쓰게 될 것이다. 왜냐하면 모든 아름다움과 마찬가지로 추한 것도 노년이 되면 결국은 모두가 사라지게 마련이지 않은가. 그래서 그 자신 역시, 적어도 사냥에서 돌아올 때라든가 버섯을 따러 갈 때에는 그런 것을 경험했을 것이다.

지난날의 여름들은 이께므 주(백포도주의 일종)의 병 속에서 불타고, 지난 수년 동안의 석양은 그뤼오—라로즈 술을 빨갛게 물들이고 있었다. 사람들은 비가 많은 광야에 둘러싸여 부엌의 난로가에서 책을 읽고 있다.

그러나 노에미는 미남 의사에게 이렇게 말했다.

「내일은 오시지 않아도 될 것 같은데요……」

미남 의사가 대답했다.

「아닙니다! 내일도 오겠어요……」

노에미는 알고 있었던 것일까? 그녀가 모를 리가 있었을까? 미남 의사는 이미 그의 마음을 털어놓았던 게 아닐까?

장 뻬루는 자기 머리맡에서 일어나고 있는 이 투쟁의 결말을 못 보고 그대로 죽어가야 하는 것일까? 그것은 마치 이 불쌍한 어린것이 크게 고통도 받지 않고 세계에서 떨어져 나가는 것을 누군가 알고 서둘러서, 그가 손쉽게 끊을 수 없는 끈으로 그를 묶어 놓기라도 한 것 같았다.

그러나 장 뻬루는 그 끈들도 하나씩 끊어져 나가 마침내 아무 끈에도 묶이지 않게 된 마지막 상태에 다시 떨어지고 만 것이다. 그의 정열이 그보다 앞서 꺼져 버렸으며, 마침내는 모든 사람들에게 똑같은 미소와 아무런 뉘앙스도 없는 똑같은 감사의 뜻을 전할 수 있는 날이 다가오고 만 것이다.

그 순간에, 장 뻬루가 되뇌인 것은 이미 싯귀가 아니라 다음과 같은 말이었다.

'나요……두려워말지어다!'

늦은 겨울비가 캄캄한 방을 둘러싸고 있었다.

장 뻬루의 고통은 환희에 차 있었는데, 어째서 사람들은 그가 괴로워하고 있는 게 아닌가 의심하고 있었을까? 그는 이미 수탉의 울음소리라든가 마차가 흔들리는 소리, 종소리, 기왓장 위를 흐르는 저 하염없는 빗소리, 그리고 밤에는 육식(肉食) 새들의 울음소리, 무참하게 잡혀 먹히는 야수들의 비명소리 같은 것 밖에는 이 세상의 어떤 소리도 느끼지 못하고 있었다.

장 뻬루의 마지막 날 새벽빛이 유리창에 스며들기 시작했다. 까데뜨가 불을 피우자, 그 기름기 섞인 연기가 방안을 가득 채웠다. 그 불타는 소나무의 입김을－그 전에도 찌는 듯한 여름이면 항상 고향의 광야가 그의 얼굴에 불어 주던 그 불타는 소나무의 입김을－장 뻬루는 임종의 육체 위에 받고 있었다.

다르띠엘 부처는, 장 뻬루가 아직 귀로 들을 수는 있지만 눈은 이미 보이지 않게 된 것으로 안다고 말했다.

제롬은 약으로 온통 더럽혀진 옷을 입은 채, 입에 손수건을 대고 문에 기대어 서 있었다. 마침내 그는 울고 있었던 것이다.

까데뜨와 그의 손자는 어두운 그늘 쪽으로 무릎을 꿇었다. 신부의 목소리가 속죄의 말을 중얼거리며 눈에 보이지 않는 문을 열려는 것 같았다.

「믿는 이의 영혼이여, 그대를 창조하신 전능하신 아버지 하나님의 이름으로, 그대를 위해 고통을 당하시고 살아 계신 하나님의 아들 예수 그리스도의 이름으로, 그대 위에 내려오신 성령의 이름으로, 천사와 대천사(大天使)의 이름으로, 좌품천사(座品天使)와 주품천사(主品天使)의 이름으로, 권품천사(權品天使)와 능품천사(能品天使)의 이름으로 이 세상을 떠날지어다……」

노에미는 그를 열심히 지켜보면서 혼자 속으로 중얼거렸다.

(저이는 정말 아름다웠는데……)

마을 사람들은 이날 그의 조종(弔鐘)을 아침종소리와 혼돈하고 있었다.

16

제롬은 자리에 누웠다. 아들 장 뻬루가 그토록 자주 들여다보던 거울은 헝겊으로 덮여 있었다. 집안 식구들은 그를 대미사 때라도 데리고 갈 것처럼 그의 몸을 단장시켰다. 가데뜨는 그에게 펠트 모자를 씌우고, 손에는 기도서까지 쥐어 주었다. 40여 명의 손님이 오기 때문에 부엌은 시끌시끌했다. 소작인들의 부인들은 영주차를 둘러싸고서 곡을 하며 울고 있었다.

신부가 특별 장례미사를 올렸다. 조객들은 장갑 한 켤레와 종이에 싼 1수짜리 동전 하나씩을 받았다. 장례식이 거행되는 동안 비가 내렸으나, 묘지에서 돌아올 때는 비가 그치고 날이 활짝 개어 있었다.

장 뻬루는 자신의 시체가 저 대지 안에서 건조되고 방부제로 보존되는 저 마른 모래 속에서 부활하기를 기다리고 있었다.

노에미는 3년상(喪)을 입었는데, 첫 해에는 자신의 모습을 외부에 전혀 나타내지 않았다. 그래서 미사 때를 제외하고는 외출하는 일이 전혀 없었고, 미사 때에도 광장을 건너가기 전에 아무도 없는지 주위를 살폈다.

초여름의 더위 속에서도 노에미는 흰 테가 달린 것으로 목을 단단히 감고 있었으며, 그녀의 검은 옷도 부드럽게 광택이 난다는 주위 사람들의 비난으로 인해 어쩔 수 없이 입지 않았다.

그 무렵, 그 젊은 미남 의사가 교회를 다니기로 했다는 소문이 온 마을에 퍼졌다. 평일 미사 때에도 그의 모습이 교인들의 눈에 띄었다. 그는 왕진하는 동안에도 시간만 있으면 교회에 나왔다.

신부는 그 의사가 교회에 나오기로 한 데 대해서 소감이 어떠냐는 질문을 받으면, 얇은 입술로 웃기만 할 뿐 아무런 말도 하지 않았다. 그는 신부로서 권위와 설득력을 잃었다. 그것은 노에미를 재혼시키지 않겠다는 제롬의 유언을 취소시킬 수가 없기 때문이었다. 그는 상중(喪中) 기간이 지나치게 엄격하므로 완화시켜야 한다고 역설했지만, 아무런 소용이 없었다. 제롬은 미망인이 일생 동안 상복을 입고 있으므로 해서 삐루 가(家)의 가족의 한 사람임을 나타내야 한다고 믿고 있었다. 그래서 추운 겨울날 새벽 어두운 교회 안에서 미망인이 매일 와서 무릎을 꿇는 모습에서 남편이 없다는 것은 알았지만, 그녀가 노에미라는 것을 그 미남 의사도 미처 알지 못했던 것이다.

미남 의사는 성찬식이 끝난 다음 묵상을 한 후에야 노에미의 젊고 싱싱한 얼굴을 가끔씩 훔쳐보는 것이 고작이었다.

1주기의 미사가 있던 날, 노에미가 얼굴에 가리고 있는 베일을 벗지 않으리라는 사실이 마을에 퍼졌을 때 미남 의사의 신앙은 마침내 꺾이고 말았다. 그래서 그는 교회와 교인들이 싫어지기 시작했다.

늙은 삐유송은 그의 젊은 동업자가 술을 퍼마실 뿐만 아니라, 밤중에도 술을 마신다는 이야기를 들었다.

한편 제롬은 건강이 좋아졌다. 그래서 며느리인 노에미에게 여유있는 시간이 생겼다. 노에미는 논과 밭이나 땅을 관리하고 있었으나, 살림은 감독할 필요가 없어진 것이다. 게다가 신앙심이 확고하지만, 지적인 신앙이 되지 못하여 독서는 거의 하지 못하였다. 묵상할 때에도 형식적으로만 할 정도였다. 그 지방에는 가난한 사람이 없어서 구제활동을 할 수도 없었다. 그래서 1주일에 한 번씩 오르간 주위에 모여들어 노래를 부르고, 재잘거리는 마리아회 소녀들처럼 하는 그 지방 부인들의 관습 외에는 아무것도 할 일이 없었다.

노에미는 3주기를 맞으면서 다시 살이 찌기 시작했다. 그래서 삐유송 의사는 그에게 하루 한 시간씩 걸어 다니라고 권할 정도였다.

초여름의 어느 날 오후였다. 그녀는 따르뜨위므라는 소작지에 까지 갔었다. 거기서 그녀는 피로하여 비탈길에 주저앉아 있었다. 그녀 주위에는 히드 숲이라서 날아다니는 꿀벌과 파리 떼가 몰려와 그녀의 발목을 물었다. 노에미는 지친 몸에 심장이 고동하는 것을 느끼면서 먼지투성이의 길 밖에는 아무것도 생각나지 않았다. 그녀가 주저앉아 있는 길은 최근에 소나무 숲을 벌목했으므로 태양이 길 위로 작열하고 있었다. 여기서 3킬로미터는 더 가야 소작인의 집이 나왔다.

노에미는 주위를 살펴보았다. 많은 소나무와 이글거리는 햇빛이 내려 쪼이는 모래밭과 광야만 눈에 띄었다. 그녀는 그곳에 완전히 유패된 것이 아닌가 하는 착각이 들 정도였다. 교육을 받지 못하여 지성이 부족한 그녀에게서 다시 갈등이 일어났다. 그 갈등은 전에 남편 장 뻬루를 괴롭힌 갈등과 똑같은 것이었다. 목이 타서 죽을 것 같은 한 여인의 영혼에 생수를 마시게 한 것은 은둔생활이었던 것이다.

그녀는 수건으로 땀에 손을 닦으면서 먼지투성이의 구두를 바라보았다. 이윽고 눈을 들어 소작지의 땅을 바라보았다. 그러다가 몸을 떨며 일어났다. 그러자 눈에 익은 이륜마차가 집 앞에 서 있었던 것이다. 닫아 놓은 창의 덧문 틈으로 그녀는 저 이륜마차를 얼마나 많이 지켜보았던가, 얼마나 많은 애정으로 저 마차를 바라보았던가, 돌이켜졌다.

노에미는 먼지투성이의 옷을 털었다. 마차가 덜컹거렸다. 그녀는 넋을 잃고 파리 떼에 둘러싸여 꼼짝도 않고 서서 지금 한 청년이 열려고 하는 문을 하라보고 있었다. 입이 멍하니 벌려지고, 목이 메는 것을 느꼈다. 그녀는 꼼짝도 않고 순종하는 동물처럼 무엇인가를 기다리고 있었다.

마침내 소작인의 집의 문이 열리자 그녀의 눈은 그곳으로 향하고 있었다. 낯익은 목소리가 요드친크을 명령하는 것처럼 생각되었다.

그때 청년의 모습이 나타났다. 햇빛이 그의 사냥목 단추 하나하나를 비추고 있었다. 소작인이 말의 굴레를 잡는 것이 보였다.

청년은 다시 고삐를 잡았다. 노에미는 뒤로 주춤 물러섰다. 어떤 힘이 그 청년 쪽으로 달려가고 싶은 격정을 억눌러 그녀를 뒤로 물러가게 한 것이다. 그녀는 자기 키보다 더 높은 히드 숲 속으로 숨어 버렸다. 숨으면서 가시에 손을 찔렸다. 그러나 그녀는 아픈 줄도 몰랐다. 그녀는 숨어서 그 마차 바퀴소리에 귀를 기울였다. 얼마 후에야 마차가 달리는 모습이 멀어져 보이지 않았다. 마침내 아무 소리도 들리지 않았다.

노에미는 몸을 피하면서, 자기가 훌륭한 미망인으로서의 품위를 잃게 되면 온 마을이 시끄러울 것이라는 생각이 퍼뜩 떠올랐다. 또 시아버지인 제롬의 유언과 약속 때문에 친정 집안이 자신의 재혼을 반대할 것이라는 생각도 함께. 그것은 무엇보다도 그녀의 신앙이 본능을 억제했기 때문이다. 그녀의 본능은 신앙이라는 장애를 극복하기란 여간 힘겨운 것이 아니었다.

작은 몸집의 노에미는 너무나 큰 권위와 운명의 지배를 받고 있었다. 그녀는 노예이면서도 자기 자신을 지배해야만 했다. 부르주아 집안의 노에미는 자기 자신을 초월해야만 했다. 그녀에게는 체념 외에 다른 길은 열리지 않았었다. 그러나 그 순간,

파리가 들끓고 있는 숲에서 죽은 남편에 대한 수절(守節)이 자신의 영광이 되며, 그 영광을 자기로서는 피할 수가 없다는 것을 비로소 깨달았다.

노에미는 히드 숲을 가로질러 뛰어갔다. 달리다가 구두 속에 흙이 들어가고 힘이 빠져서, 멈추어 서서 남편 장 뻬루를 닮은 어느 시커먼 떡갈나무 한 그루를 꼬옥 껴안았다. 그 떡갈나무는 죽은 나무였다. 그러나 작열하는 태양의 빛으로 그 떡갈나무의 잎은 파르르 떨고 있었다.

문둥이에의 키스

1판 1쇄 인쇄 | 2009년 4월 5일
1판 1쇄 발행 | 2009년 4월 10일

지은이 | 프랑소와 모리악
옮긴이 | 최 세 진
펴낸이 | 김 용 성
펴낸곳 | **지성문화사**
등 록 | 제5-14호(1976.10.21)
주 소 | 서울 동대문구 신설동 117-8 예일빌딩
전 화 | 02)2236-0654 , 2233-5554
팩 스 | 02)2236-0655 , 2238-4240